# 失控的同理心

## 道德判斷的偏誤與理性思考的價值

保羅・布倫——著

PAUL BLOOM

譯——陳岳辰

# AGAINST EMPATHY

## THE CASE FOR RATIONAL COMPASSION

推薦序

# 對同理心鏗鏘有力的正反辯證

林蕙瑛

同理心是諮商的基本技術，諮商心理師一直都在運用此技術，抓出案主的情緒，說中他的感受，案主覺得被重視及瞭解，諮商關係較容易建立，諮商也就隨之啟動。身為諮商心理學學者，看到這本《失控的同理心》，以為是一本如何正確運用同理心的心理學書籍，興高采烈地開始閱讀，但是在前言部分就看到作者明確的表達寫書的目的之一，就是希望說服讀者也反對同理心，於是立刻激起了好奇心，很想一探究竟。

Paul Bloom 教授自己也是心理學家，他當然瞭解多數心理學家和哲學家使用同理心一詞的真正涵義，但他認為不能光看字面，而且也不是一對一或一對少數人的範圍，個人與社會所面臨的各種議題其實並非同理心不足，實際上問題往往肇因於同理心過剩，因此整體而言，同理心是個薄弱的道德指標。

乍讀之下，覺得作者的論調相當武斷，他自己也知道這會是有爭議的，因此他就先從社會心理學及神經科學的角度來探討同理心的心理過程。他廣博閱讀，蒐集文獻，並不反對前人所言，一一列舉同理心的好處。然而他主張，光是「情緒同理」及「認知同理」是不夠的，且源於同理心的善行常常造成惡果，而後他從討論親密關係、惡與暴力、政治等層面來呈現同理心可以造成族群整體的影響。

Paul Bloom 教授引經據典、如數家珍，包括學術研究、書籍、電影、實驗等等，很有條理的列出理性思考及自我控制的重要性，並列舉全世界已經發生及正在進行的大小事例，自小孩溺水至國際戰爭，其實就是在闡揚有效利他主義，結合心靈與頭腦的新社會運動。他的主旨在於發揚大善大愛，不要局限於同理心的小善小愛，才更適合作為道德標準。

因此本書闡釋的同理心是遠大於心理學家所指出的同理心，由字裡行間來看，作者非常心服於亞當・斯密的理念，並融會貫通。斯密原本是贊成同理心的，後來卻認為「不是大自然在人心中點燃善意的火苗」，轉而主張審慎思考和行正道的念想兩者結合，才能成為足夠的驅力。作者認為斯密三百多年前的主張放諸今日仍準，以許多篇幅探討斯密的言論並引用其話語，尤其強調其提醒人們謹言慎行，難過的人要有自覺別人不一定想要同理，傳遞情緒時要有所節制，此正表達了本書的主旨。

本書最引人入勝的就是 Paul Bloom 流暢的文筆、犀利的文字及說服的功力。他在每一章節中對同理心的正反辯證，真是絲絲入扣，每句話都鏗鏘有力，每一個實例都分析詳細，讀者不得不跟著他的思維走，進入理性思考。整本書其實是在討論人性，人們就是太有情感了，不論是正面或負面情緒，往往流於濫用同理心，導致許多不好的事情發生。因此作者引領讀者由微觀及宏觀面來看待人們的情緒、思考及行為，強調理智與理性應建立在觀察與邏輯原則上，並以科學方法為典範。也就是說，大家在為同理心辯護時，仍應帶有理智。

「同理心是狹隘及偏頗的」、「目光短淺」、「不合邏輯」、「運作模式太愚蠢」，這些武斷的字詞是作者在本書開端直言的，然而到了後來，他的說詞放鬆了，「我反對同理心言論是立足於理性，主要是基於政策面，並非人際關係中的同理心。」他的結論是要為同理心找到合適定位，他並不反對同理心而是反對誤用同理心，同理心和理性可以是最佳拍檔。

由此可知，作者的周密辯才與他思考的詭譎與邏輯化，先是激發讀者的錯愕與好奇心，被他引領至思想世界遊歷一番再出來，就同意他有趣又有理的觀點。這是一本內容豐富、言之有物的好書，舉凡對人及人性有興趣的讀者都要人手一本。我在此也特別推薦給心理學界的諮商師、臨床心理師及社工師，可以幫助你自我成長，進而善用同理心，更為洞察人心，在專業上得心應手。

本文作者為東吳大學心理系兼任副教授

推薦序

# 控制同理心

范立達

「同理心」在現代社會中似乎成為人人都能朗朗上口的名詞，但可能很多人不曉得，兩千三百多年前，孟子就已經提到過同理心這個概念。

孟子是這麼描述的。他說：「人皆有不忍人之心。」

什麼叫「不忍人之心」呢？孟子解釋：「所以謂人皆有不忍人之心者，今人乍見孺子將入於井，皆有怵惕惻隱之心，非所以內交於孺子之父母也，非所以要譽於鄉黨朋友也，非惡其聲而然也。」

用白話來說，孟子認為，如果看到小孩子要跌到井裡去了，任何人一定都會浮現驚駭同情的心情，而這樣的情緒反應不是因為想要討好孩子的父母，不是為了要在親朋鄰里間博取名聲，更不是出自於厭惡那孩子的驚呼哭號聲。那全然都是因為「不忍人之心」所致。

這種「不忍人之心」，其實指的就是同理心。

但孟子後來又擴張解釋，把不忍人之心定義為「惻隱之心」、「羞惡之心」、「辭讓之心」、「是非之心」四者的組合。他並說：「由是觀之，無惻隱之心，非人也；無羞惡之心，非人也；無辭讓之心，非人也；無是非之心，非人也。惻隱之心，仁之端也；羞惡之心，義之端也；辭讓之心，禮之端也；是非之心，智之端也。」

如果仔細推敲，惻隱、羞惡這兩種反應毋寧更偏向先天，是不經學習而具有的感性活動，與辭讓、是非這兩種必須經過後天教育方能習得的理性判斷大不相同。孟子或許不是一位稱職的心理學家，所以在分辨情緒與理性時難免混淆，但不得不說，早在兩千多年前的古人就能注意到人類心緒的活動，知道人飢己飢、人溺己溺的道理，也算難得。

孟子也認為同理心可應用於政治。他說：「先王有不忍人之心，斯有不忍人之政矣。以不忍人之心，行不忍人之政，治天下可運之掌上。」所以，從同理心出發，即能行仁政。

到了現代，同理心有另一個代名詞，即「換位思考」。說起來「換位思考」這樣的講法比同理心更能具體描繪出設身處地、將心比心的情緒活動。因為更清楚易懂，所以這樣的概念就更易被眾人接受。在二十一世紀的今天，指控一個人沒有同理心、不懂得換位思考，簡直就像是指控此人毫無人性一般。

但同理心太過氾濫也可能是場災難。

台版「羅倫佐三兄弟」的故事，迄今在網路上都還找得到。張家這三個孩子先後被診斷罹患ＡＬＤ（腎上腺腦白質退化症），如果要接受醫治，就必須到美國進行骨髓移植，龐大醫療費粗估一人就要一千五百萬元。這件事經媒體披露後全台愛心大爆發，短短三天張家就募到了七千四百多萬元，但同時如此龐大的捐款集中在少數人身上的結果，也造成嚴重的排擠效應。在那段時期，很多慈善團體都很難募到款項。

這就是見樹不見林效應，也就是社福界最擔憂的事。

站在理性的角度思考，社福界能夠勸募到的捐款就只有這麼多，如果集中在少數人身上，其他更多需要幫助的人就無法分配到這些救急或救命的資源。所以，不患寡而患不均，最合理的捐款方式應該是把款項捐給聯合勸募，再由他們按每一個不同需求的個案或社福團體妥適分配，才能讓捐款的效益最大化。但事實上，聯合勸募大概是社福界最苦哈哈的團體之一。說穿了，因為他們沒有故事，沒有辦法聚焦，善心人士難以產生同理心，所以很難得到金援。

同理心就是聚光燈，但它能投射的距離有限，能照亮的範圍太小，非常容易發生偏誤，而造成種種問題。發生在我們周遭的故事，我們常會隨之而喜、隨之而悲，但遠在異鄉的悲慘消息，我們卻往往視若無睹。廣島核爆瞬間奪走十萬條人命，但因為沒有產出十萬則悲情故事，在我們心中那就只是個數字。「小燈泡」妹妹的不幸，卻讓台灣絕大多數人流下熱淚。這樣的例子證明：死一個人是悲劇，死一萬人就變成了數據。我們對個體敏感，對於統計數字卻常常無感。鮮明的個案故事會激發大量的同理心，但同理心過於氾濫會造成輕重失衡，會讓判斷失準，會讓理性被情感蒙蔽，會讓人做出錯誤的抉擇。我們在乎少數人受苦，卻往往忽略更多人身上的悲慘命運。我們的道德判斷和行動往往強烈受到同理心左右，其結果卻常導致世界變得更糟。

同理心不是洪水猛獸，但被同理心綁架而失去理智，就未免捨本逐末了。因此，對於同理心的認知，可能不是一味的歌頌讚美。一如本書作者在書中反覆強調的，同理心能夠催動善念，善念能使世界更美好；就算因同理心而起的報復，也可能會引導世界朝向更好的方向發展。但人的行為不能被同理心操控，在感同身受之餘，還要有出色的理解力以及自我控制能力。對別人的際遇我們要懂得克制情緒反應，但不失憐憫。如此，我們追求的就不只是當下的滿足感，而是人類社會長遠的進步。

下回，當你在新聞中看到某些富太太擔任某慈善團體的義工，感動之餘或許可以想想，若她們願意將些珠寶首飾捐出，效果可能更勝於沿街賑災施粥。

最後，還是回頭看看孟子。孟子歌頌同理心，肯認人皆有不忍人之心，但他也提醒，「文王一怒而安天下。」他認為，執政者不能被短淺的現實迷惑了雙眼，必須看到問題的癥結。遇有餓孚，不是問責地方官，而是思考如何輕徭薄賦，減少百姓的負擔；地方不靖，不是只有派兵圍剿，而是著眼於如何提振朝綱，讓四方蠻夷近悅遠來。看來，古人的智慧還真是值得我們後人學習呢！

本文作者為資深媒體人

目錄

第四章
## 人際關係與同理心


或許任何親密關係都一樣，它能「增進幸福、減輕苦難，因為快樂倍增，但悲痛減半」。但我個人期盼當自己恐慌時，關心我的人能夠鎮定；當我陰鬱時，他們能帶來活力。



插曲
## 同理心作為道德標準


同理心的功用僅在於接收別人的感受，可惜如果我感受到你的難受，卻沒發現難受的是你，還誤以為是自己，那麼我根本不會試圖幫忙。

## 第五章 暴力和惡意



量刑要根據有邏輯且公正的分析，而不是奠基在同理被害者的苦痛上。乞兒來討錢，我們若確定給了錢只是造成更多問題，就要克制自己的情緒。這麼做不是否定世上的痛楚和苦難，也並非值得憂慮的非人化思維，而是為大局著想才有所取捨。

同理心總是擺盪在給予與侵犯的界線上。

——萊斯里・賈米森，《同理心測驗》

Leslie Jamison, *The Empathy Exams*

人類終歸是理性的生物……

——瑪莎・納思邦，《性與社會正義》

Martha Nussbaum, *Sex and Social Justice*

# 前言

幾年前某個晴朗的上午，我沒去工作窩在家裡上網，剛好聽到在康乃狄克州的新鎮（Newtown）發生了槍擊案。起初傳出消息說：有人在校園遭到射殺——慘事一樁，但不足以大驚小怪。後來新聞報導了更多細節，槍手亞當・藍札（Adam Lanza）早上九點先殺害尚未起床的母親，接著前往桑迪胡克小學（Sandy Hook Elementary School）行凶，朝二十名學童、六個成人開槍，最後飲彈自戕。

對於亞當・藍札為什麼會做出這樣恐怖的暴行有諸多討論，但相較之下社會大眾的反應更令我好奇。案發後不久內人原本表示想親自去學校把小孩接回家，最後她抗拒這股心理衝動，畢竟我家兒子都已經是青少年了，而且她明白即使孩子還小，這麼做也沒有意義。我能理解她的感受。新聞影片中可見大批家長慌張地趕到現場，不難想像他們心裡是什麼滋味。時至今日，我回想起來仍舊感到胃部一陣翻騰。當天下午我到辦公室附近的咖啡館坐坐，隔壁桌有位女士泣不成聲，她的友人在旁邊不斷安撫。我聽了一會兒，得知她有個孩子與校園慘案的被害者同年，不過她與桑迪胡克小學毫無干係。

人世間總有些事件會造成巨大震撼，例如九一一恐怖攻擊或各種已經見怪不怪的槍擊案，但對我以及我周遭的人來說，桑迪胡克小學的慘案不一樣。它格外殘忍，原因之一是被害者有孩童，之二則是案發地點距離我們很近。我身邊親友幾乎都與新鎮有或近或遠的人際關係，因此事發幾日後我們也前往紐哈芬公園（New Haven Green）參加燭光守夜。我家小兒子哭了，接連幾個月都戴著紀念手環表達哀悼之意。

總統針對這起校園槍擊案召開記者會時激動哽咽。平常我總笑說政治都是在演戲，這回卻絲毫不認為這是一場算計過的舞臺表演，反倒覺得他真情流露令人動容。無論當下或之後，所有人對事件的反應深深受到同理心影響。這是我們的一種能力；許多人認為同理心是一種寶貴的天賦，讓我們能夠從別人的角度看世界，並且感同身受。不難想見有多少人相信同理心是推動善念、陶冶道德的強大驅力。也不難想見人們認為同理心的唯一問題是，大部分人往往同理心不足。

過去我也是這麼相信，現在卻有了不同想法。同理心有其優點。用在藝術、小說、運動上，它可以帶給我們無窮的樂趣，人與人之間的親密關係也非常需要同理心潤滑。有時候同理心確實激發我們向善，不過整體而言，它是個薄弱的道德指標，奠基於愚鈍的判斷，常常反而引起冷漠與殘酷，導致不理性、不公正的政治決策。如醫病關係之類重要的社會互動可能因同理心而變質，甚且很多人受到同理心影響而沒能扮演好朋友、父母、配偶的角色。我反對同理心，本書目的就是要說明為什麼，並且說服你一起反對。

乍聽之下立論極端，實則不然，沒有那麼偏激，主題也無關乎變態心理。反對同理心不等同於自私自利、道德淪喪。恰恰相反，若盼望人類互愛互助、世界和樂安寧，捨棄同理心才會更好。

說得更小心謹慎些：在某些定義底下，人類沒有同理心會過得更好。在一些人口中，同理心是所有正向概念的結合，與道德、仁慈、憐憫同義；通常他們呼籲大家要有同理心的意思，其實就是要我們善待彼此，締造美好的社會。對此我完全贊同！

有些人論及同理心時，定義是瞭解他人、換位思考。對於這種層次的同理心我也不反對。社會智能（social intelligence）絕不遜於其他類別的智能，尤其適合作為推動善舉的工具。不過一旦深入探討，就會發現這種「認知同理心」（cognitive empathy）作為善的動力同樣過譽，畢竟精準判讀他人欲望與動機正是變態心理的一大特點，這種能力若逆向運用便成了剝削和暴行的武器。

同理心還有一種定義是「相信自己感受得到別人的感受、體驗得到別人的體驗」，這不僅是我最感興趣的一個層面，也是多數心理學家和哲學家使用同理心一詞的真正含義。但我應該強調文字不能代表一切。你可以廣義地使用「同理心」這個詞，涵蓋關懷、仁慈與愛；你也可以將同理心縮限在「理解」別人的心思。都沒問題，對此我不反駁。只不過請記得：我所要探討的是許多人認為是同理心的這個心理過程。或者你也可以換個角度想，先別拘泥於字面，隨著本書探究道德觀念和道德心理學，一起思辨如何成為更好的人。

我最主要想探討「感受你認為別人的感受」這種行為——無論如何稱呼這種

心智功能，它並不等於憐憫、仁慈，最重要的是無法與美善劃上等號。若從道德觀點切入，摒棄這種機制其實比較好。

很多人無法接受這種主張，認為在此定義下的同理心具有至高無上的地位。時常有人說就是因為有錢人不願意費心去瞭解沒錢是什麼感受，所以我們的社會才會有那麼多不平等和不正義。每當手無寸鐵的黑人男性遭警方槍殺，左派評論者會指責警察對於黑人青少年同理心不足，右派卻覺得是左派人士對警察所承受的壓力和危險沒有同理心。也有很多人說白人對黑人缺乏同理心、男性對女性缺乏同理心。為數眾多的評論家附和歐巴馬的談話，認為要消弭以色列與巴勒斯坦之間的爭端，看來必須等到雙方可以「將心比心」的那天才有可能。[1]我在書中也會提到一位心理學家曾表示，如果當年納粹更有同理心，根本不會發生大屠殺的悲劇。一般普遍認為醫療人員的工作表現與同理心成正相關，還有為政者若多些同理心的話政壇就不至如此腐敗等等。理所當然，我們以為要是周遭的人能夠更加同理我們的處境、能夠感受到我們的感受，他們就一定會對我們更好。

在我看來，這些說法誤會大了。我們社會與個人所面臨的諸種問題鮮少源自同理心不足。事實上，問題往往肇因於同理心過剩。

我的主張並非無的放矢，背後有一套完整的根據與推論。我希望喚醒大眾在日常生活中更自覺地運用邏輯思維，也就是更仰賴我們的腦袋而非我們的心。人類早已走上這條道路，只是可以做得更多更好。

反對同理心堪稱反潮流，在某些人眼中顯得愚昧無知。不少學界同儕主張人類最重要的判斷與行動源自神經機制，是我們的意識無法觸及的。這項研究主題過去成就了佛洛依德的名聲，現代不僅再度浮上檯面，而且偶爾以最極端的形式呈現：常有哲學家、評論者或公眾知識分子聲稱心理學證明了人類不是理性的動物，次數多得我數不清。

排拒理性的態度在道德領域尤為強烈，很多人毫無保留接納一種觀念，認為人類的是非判斷取決於諸如同理心、憤怒、厭惡、愛這種直覺式的情緒，與邏輯思考或理智基本上沒有關聯。動物行為學家弗蘭斯．德瓦爾（Frans de Waal）便說，現在不是理性時代，而是同理心時代。[2]

至少一定比例的人認為關於墮胎、死刑這類議題，社會確實經過仔細的討論思量才取得共識；又或者，他們相信施捨與否、要不要探望住院親友，以及反面案例如該不該順手牽羊、打開車窗飆出種族歧視髒話之類的個人道德判斷，都是建立在有意識的自我決策上。如前述，這可能是誤解。心理學家強納森・海特（Jonathan Haidt）便主張人類的角色並非法官而是律師，我們是先採取行動之後才替自己找理由。[3] 理性無用武之地。「我們讚揚理性，」弗蘭斯・德瓦爾進一步說：「但事到臨頭卻不以理性為優先。」[4]

部分學者甚至告訴我們道德是一種情感天性，而且這是一件好事，因為道德應該不假思索。真實或虛構的道德英雄絕大多數並非最具有理智的人或恪守倫理規範的書呆子，他們聽從自己內心的聲音。《頑童歷險記》裡的哈克貝利・芬、《孤星血淚》裡的皮普、影集《反恐任務》裡的主角傑克・鮑爾，又或者耶穌基督、甘地以及馬丁・路德・金恩，他們都展現出情感面的強大力量。反之，動腦者是電影裡的殺人魔漢尼拔・萊克特和漫畫裡的反派科學家雷克斯・路瑟。

首先強調，我不認為上述關於心智與道德的論述全盤皆錯。許多道德判斷並非思慮的結果。事實上，我自己的前一本著作《只是嬰兒》（*Just Babies*）所探討的正是道德理解的起源，我在書中主張小嬰兒已經有了一定程度的是非意識，儘管他們還不會思慮。[5]許多證據顯示道德基礎是經過天擇演化而來，不純然是人類的發明。

顯而易見的是，情感在道德生活中扮演重要角色。有時這的確是好事。孔子和同時期的中國哲人曾論及情感的必要性，後來蘇格蘭啟蒙運動以至於現代認知與神經科學都呼應了此觀點。舉例而言，在不少病例中，患者腦部處理情緒的部位受損，生活也跟著嚴重受到影響。[6]近期我的同事大衛・倫德（David Rand）完成一項研究，發現在多數場合下人類直覺傾向展現仁慈與相互合作，動腦思考以後反而採取了道德水準較低的行動。[7]

但我還是寫出了各位手上的這本書，因為我認為情感天性的意義被過度渲染。人類保有情感本能，卻也可以超越本能；我們能夠思考各種議題，道德議題是其中一種，思考得出的結論足以撼動心靈。我相信這才是真正的正道，也是人之所以為人獨一無二的特質，它讓我們能夠對彼此更好，減少世界的苦痛，增添人間的喜樂。

好比說，我們理所當然視家人朋友為優先，對親疏遠近之分未曾有過質疑。

「血濃於水」這句俗諺把這個觀念表達得淋漓盡致。我年紀還很小時，從一位經常往來的親戚那兒聽到一段祝酒詞，精闢地解釋了何謂「自己人」：**對我好的就敬他，其餘的人誰鳥他。**

從達爾文主義的觀點來看，這顯然是個好作法，會照顧同胞的生物遠較彼此互不干涉的族群具有優勢。倘若人類曾有一個分支對親友和陌生人無偏無私、對自己孩子與別人孩子同樣關照，他們的基因在演化過程中勢必逐漸被淘汰，由懂得照顧自己人的族群取而代之，正因如此我們天生就不是平等主義者。

偏心不會消失，或許也不該消失，本書會論及這個主題。我不太確定要如何看待毫不偏袒家族朋友、全部一視同仁的人。有些人認為那叫聖賢，但包括我在內很多人卻覺得毫無親疏之別似乎太過頭，想像那種人生反倒叫人不舒服。

可是無論如何，人類不必局限於偏私。我們有足夠的智慧理解遠方異族（與我們無關、不認識我們、不特別懷有善意的人）和自己的親生孩子一樣是條生命，我們真的不必完全不鳥他。我們也明白雖然獨厚自己所屬的種族或族群是本能與天性，卻同時也會是不公平與不道德的。我們更可以努力營造公正的社會，像是制訂保護平等原則的政策。

人類或許情感豐沛，但也兼具高度理性，能夠慎思明辨，壓抑、化解、超脫激情。很多時候我們就應該這麼做，針對憤怒與仇恨尤其如此。大家都體認到憤怒仇恨會引人誤入歧途，應當克制和冷靜。而現在我們更應該察覺同理心看似正向有益，卻同樣應以理性加以控制，這是我寫書的動機之一。

我將提出三段論述。首先，我們的道德判斷和行動強烈受到同理心左右。再者，其結果時常導致世界變得更糟。最後，我們其實有能力做得更好。

同理心哪裡不對？讀下去你就會明白。先給個懶人包：同理心像聚光燈，照亮此時此地和特定對象，吸引更多關注，但大眾因此看不見光線之外還存在什麼，即便明白自己的一言一行會造成長期且深遠的影響卻無暇顧及。我們無法同理的對象也承受苦痛，但我們視而不見。同理心是偏頗的，將人類推向本位主義和種族主義。同理心目光淺薄，鼓勵短期看似良好卻可能釀成未來災禍的行動。同理心不合邏輯，往往為少數放棄多數。同理心還會催生惡意，我們同理親近者，朝無法同理的對象發動戰爭、施以暴行。同理心會腐蝕人際關係、耗竭心靈、抵銷仁愛。

讀完這本書，你會想問的是：同理心哪裡**沒**問題？

我們不可能完全沒有同理心，一如我們無法根除憤怒、恥辱、仇恨。事實上我也不想活在那種世界。無論何種情感都能豐富生命的層次。然而我相信人類可以建立情感適得其所的新文化，本書是朝此目標邁進的一步。

我說過這種論調必然不受歡迎，但我絕不孤單，更不是抱持此種態度的第一人。已經有很多人指出同理心並不可靠，包括李察・戴維森（Richard Davidson）、山姆・哈里斯（Sam Harris）、杰西・普林茲（Jesse Prinz）以及彼得・辛格（Peter Singer）。也有人主張應以理性作為日常生活的基調，例如麥克・林區（Michael Lynch）以及麥克・薛默（Michael Shermer）。有這些學者與我同一陣線，感覺踏實很多。此外，不少人探究同理心的局限，仔細分辨同理心與其他情感能力如憐憫、正義感之間的差異，我能想到的就有尚・德賽迪（Jean Decety）、大衛・迪斯農（David DeSteno）、喬舒亞・格林（Joshua Greene）、馬丁・霍夫曼（Martin Hoffman）、賴瑞莎・麥法庫哈（Larissa MacFarquhar）、瑪莎・納思邦和史迪芬・平克（Steven Pinker）。認知神經學者塔妮婭・辛格（Tania Singer）和佛教僧侶馬修・李卡德（Matthieu Ricard）的研究也十分令我驚艷，兩人合作探索同理心與憐憫的區隔何在。此外我還受到小說家萊斯里・賈米森（Leslie Jamison）以及文學學者伊蓮・史蓋瑞（Elaine Scarry）的影響，他們針對同理心及其缺陷的書寫非常精闢。

本書有六大章和兩篇插曲，我當然建議按照順序閱讀，但若時間不夠充裕，當成各自獨立的文章看待無妨。

第一章陳述同理心問題的梗概，假如只能讀一章，自是首選。第二、三章縮小範圍，從心理學和神經科學的角度呈現何謂同理心，以及同理心為何不是理想的道德依據。接著是短暫插曲，探討同理心與政治的關係，主要針對「自由派比保守派更具同理心」這個論調。

第四章著眼於同理心和人際關係。再來又一段插曲是個我難以割捨的主題——嬰幼兒的道德觀。

第五章討論惡，質疑缺乏同理心是否與道德低落有必然關係。

最後一章回歸主軸，為人類理性辯護，主張慎思明辨才是面對世界的合宜態度。我們身處理性的時代。

寫這樣的書有許多樂趣，其中之一在於挖掘令人驚喜的各種面向。接下來的內容你會看到討論戰爭的根源、道歉與虐待有何關係、神經科學怎麼看待人類決策機制、佛教道德心理學等等。誰說一本書只能談一件事？

相較於我其餘著作，這本書更大程度是對話和評論的集結。一年前我開始動筆，這段期間我將相關概念的一些觀點發表於知名媒體，包括《紐約客》（*The New Yorker*）雜誌（針對政策議題）、《波士頓評論》（*Boston Review*）（探討人際關係）、《大西洋》雜誌（*The Atlantic*）（擁護理性，闡述為何同理心會催生暴力）、《紐約時報》（*New York Times*）（有關我們自認為理解別人心理狀態的問題）。本書內容與這些文章有部分重疊，但都經過修正，有些段落更動幅度很大，主要也因為透過媒體管道我得到許多回應，有機會與大家對話。

藉由這些前期文章我發覺許多人認為抨擊同理心就絕對是胡說八道。《紐約客》那篇文章在網路發布後，我特別上推特看看反應，第一個轉貼的人就說「這大概是我這輩子讀過最蠢的文章」。《波士頓評論》那篇則引來一位社會學家部落客稱我為「學界汙點、道德禽獸」。還有人指責我為心理變態和掠奪式資本主義辯護，更進一步對我的童年與私生活做出十分不厚道的揣測。

部分反論雖不中聽卻極有意義。弗雷德里克．迪波爾（Fredrik deBoer）說過：「討厭你的人是你最仔細的讀者。」[8]現在我的想法與之前有些不同，而且儘管我尚未被說服，仍能透過這些評論理解社會大眾是基於何種立場反駁。我相信還會有人提出新的異議，不過在書中我已盡量預測認真的讀者會提出什麼想法並加以回應。

評論家、朋友、學生們最常給我的意見是：我的說法太極端。的確，我或許能證明同理心在某些狀況下導致人類決策失當，可是世界本來就不完美，癥結點可能只在於我們過分依賴同理心，而且在特定情況下運用方式不正確。換言之，我們應該做的是**為同理心找到合適定位**，也就是**不必反對同理心而是反對誤用同理心**，或者**同理心不是絕對**、**同理心和理性是最佳拍檔**等等。我們可以將同理心比喻為膽固醇，有好的膽固醇也有壞的膽固醇。

這種說法打動了我，所以我也願意探討同理心的正面意義。某些情況下，同理心激發善行，道德高尚者更懂得利用同理心敦促他人積極向善。親密關係中，同理心十分重要、甚或無可替代。此外，很多人生樂趣亦源自同理心，它絕對不會一無是處。

但我的立場仍未改變。權衡之後，同理心對人類整體而言造成不良影響，不該比喻為膽固醇，反而更像是含糖汽水，誘人、美味卻有害健康。接下來我會告訴你為什麼。

第一章

# 都是同理心惹的禍？

道德的最低限度是基於理性行事，考量會受到自身決定影響的個體，平等對待各方利益，做出理由最為充分的選擇。——James Rachels

過去幾年間如果別人問我最近在忙什麼，我會說自己正在寫書。他們追問細節，我便回答「和同理心有關」。一聽到同理心三個字，眾人點頭微笑，直到我補上一句：「我反對同理心。」

通常對方會一笑置之。我起初訝異不解，後來才意識到原來「反對同理心」就像「反對小貓咪」一樣，多數人只覺得莫名其妙、不可能是認真的。再者，這種立場極其容易引起誤會，學到教訓之後我明白打從開頭就得解釋清楚：我並非反對道德、憐憫、仁慈或愛，我也希望大家做好人好事好鄰居。我會寫這本書，無非期待大家繼續朝這個方向努力並創造更美好的世界，只不過我意識到想靠同理心達成目標，恐怕會走上不少冤枉路。

反對同理心會引來錯愕，原因之一在於大眾習慣視同理心為絕對善，就好比我們絕不嫌錢多、絕不嫌自己太瘦……也絕不嫌同理心過剩。

就此而言，同理心很不一樣。我們對其他情感、情緒、能力的態度相對批判，看得到一體兩面，像是一個做父親的可能因為憤怒而失手將年幼孩子打死，但同樣的憤怒若發自不公不義則足以重塑世界；崇拜放在值得的對象身上很美妙，若朝向連環殺人魔之類則很危險。我認為慎思明辨才是正途，所以會在書中多所強調。不過我也要聲明，理性同樣會致人犯錯。勞勃．里夫頓（Robert Jay Lifton）以《納粹醫生》（*The Nazi Doctors*）一書探討二戰時期集中營裡的醫師對囚犯進行人體實驗的心路歷程，[1]他們都是聰明人，卻利用那份聰明說服自己接受慘無人道的行徑。那時若他們聆聽自己的心聲，結果也許好得多。

人類所有的心智功能都可以接受檢視、辨別好壞。所以就讓我們來好好看看同理心。

為了有效評量，首先我們得清楚界定何謂**同理心**。心理學家和哲學家想出了很多定義，甚至有本以此為主題的書一次便列出九條。[2]也曾有研究團隊指出同理心的指涉極其廣泛，「從狗兒打呵欠會傳染、雞群發出求救訊號、到人類醫學以病患為尊的態度」[3]都能囊括在內。另一支團隊則說，「同理心有多少種定義，恐怕取決於多少人研究這個主題。」[4]其實不同版本之間的定義差距甚微，我在書中要探討的同理心將採取最典型的解釋：**設想別人對某件事會有什麼樣的感受**。

蘇格蘭啟蒙運動哲學家曾詳究此定義下的同理心，不過當時他們稱之為「同情心」（sympathy）。正如亞當．斯密（Adam Smith）所言，我們有能力思考另一個人的狀態，並且「將自己代入他的處境[5]……稍微讓自己成為那個人，理解對方的感受，體會對方的感覺，儘管感受或許較輕微，但並非全然不同。」

這是我想到同理心時腦海浮現的定義。要注意的是，有另一種情況是猜測別人腦袋裡發生的一切卻不沾染對方的感受。**你痛苦所以我痛苦，我能感受你的感受**，才是我這裡所要討論的同理心。假如我知道你痛苦，但我自己沒有因此痛苦，則停留在心理學家所謂的社會認知、社會智能、讀心、心智理論、心靈內化等等。在某些脈絡底下這些能力統稱為同理心，但「認知同理」（cognitive empathy）和「情緒同理」（emotional empathy）仍有區別，後者才是此處焦點。

本章後面也會從批判的角度檢視認知同理心，但現在請先記住：兩者相異，所牽涉的腦部運作不同，造成的影響也不同，人可以一種同理心特別多，另一種同理心特別少。

亞當．斯密說的顯然是「情緒同理」，一種突如其來、不由自主的心理反應。他特別舉例：「思緒纖細敏感」[6]的人看見乞丐身上有膿包和潰瘍時「身上對應的部位就會發癢不適」。約翰．厄普代克（John Updike）也寫到：「祖母在餐桌上有時會咳個不停，我的喉嚨也會因為同理她而縮緊。」[7]尼可拉斯．艾普利（Nicholas Epley）去看孩子的足球賽時總是挑選前面沒人的座位，以免自己做出「同理心腳踢」[8]的動作。看別人拿鐵錘不小心敲到自己的拇指，要很堅強的人才能不為所動，要我一定忍不住整張臉皺起來。

但同理心不只是反射動作，它可以被灌溉培養及發展延伸，經由意志活動進行導引和聚焦。歐巴馬尚未選上總統時在演講中說過同理心是個選擇，他強調：「很多人跟我們不一樣，要試著透過他們的眼睛看世界，譬如挨餓的孩子、被資遣的煉鋼廠工人、因為風災水災流離失所的家庭。只要能這麼思考，練習擴展自己關注的範圍，同理他人承受的苦難，別計較是親近的友人還是遠方的陌生面孔，屆時我們會發現自己很難不採取行動，很難不伸出援手。」[9]

我喜歡這段話，他點出了同理心如何成為善的力量。通過同理心，我們更加關心別人，更願意努力改善別人的生活。

## 同理心不是拯救蒼生的萬靈丹

幾年前，史迪芬．平克探討同理心時以書單做開場白：

下面這些書名或標題在過去短短兩年間問世：同理心時代、同理心為何重要、同理心的社會神經科學、同理心科學、同理心鴻溝、為何同理心是必須（且瀕危）、全球化下的同理心，以及企業如何透過創造普遍同理心而獲益……其他例子還包括：教導同理心、教導孩童同理心。《同理心的根源：經由一個個孩子改變世界》一書作者得到小兒科醫師貝瑞．布雷澤頓（T.Berry Brazelton）的推薦，「致力於世界和平與保護地球的未來，起點就是各地學校和教室內每個孩子、每個家長、每個老師。」[10]

決定寫書之後我也開始留意類似例子。目前在亞馬遜網站上有超過一千五百本書的書名或副標含有同理心這個詞，前二十名的目標主要鎖定家長、教師、心靈成長、行銷（《如何利用同理心打造受人喜愛的商品》），還有兩本不錯的科普書。

也有許多網頁、部落格、YouTube 頻道以歌頌同理心為主題，比方有個網站專門列出歐巴馬提及同理心的發言，其中一句相當有名：「當前社會和世界最大的赤字在於同理心。」[11]在我發表了一篇關於本書主題的文章以後，便受邀參與一系列線上的「同理心座談」，與會者都認同同理心的重要性、鼓勵大家更有自覺地運用同理心。後來我的書架上、iPad 裡也有滿滿的同理心書籍，還出席過好幾場主旨包含「同理心」的研討會。

我開始觀察同理心這個話題在公眾事件中被討論的方式。二〇一四年秋季發生幾起黑人男性手無寸鐵卻遭警察擊斃的憾事，許多人忿忿不平地譴責美國人、尤其是美國警察對於少數民族欠缺同理心。然而我同時也讀到許多評論認為太多美國人對警察或犯罪受害者沒有同理心。雙方似乎只有一個共識，就是這個社會需要更多同理心。

很多人相信同理心能拯救世界，傾向自由主義和進步主義的人尤其如此。在為自由主義派政治人物提供建言時，喬治・萊考夫（**George Lakoff**）寫道：「每個進步的政策背後都有一個相同的價值觀，就是同理心……」[12] 傑瑞米・里夫金（**Jeremy Rifkin**）呼籲大眾「躍向全球同理心意識」[13]，並且在著作《同理心文明》（*The Empathic Civilization*）的結語中感慨：「我們是否來得及在全球崩潰之前形成生物圈意識與全球同理心？」[14]

面對這些問題，診斷結果都是缺乏同理心，而更多的同理心就是那顆萬靈丹。艾蜜莉．巴澤隆（Emily Bazelon）指出「霸凌最可怕之處在於全無同理心」[15]——她認為這樣的診斷不僅適用於霸凌者，也適用於眼見霸凌卻不挺身而出的人，而她的建議就是「記住絕大多數人都有同理心和善心，我們要盡全力灌溉心裡的種子」。安德魯．索羅門（Andrew Solomon）關注孩子與父母之間有重大身心差異時（例如侏儒症、唐氏症或變性）可能遭遇的困境，他原本擔憂時代漸趨排外恐異，恐怕會有「同理心危機」[16]，結果發現這些特殊處境的孩子具有化解危機的力量，研究也發現他們的父母在同理心和憐憫心兩方面都有增強。類似論調我很熟悉，因為我有個嚴重自閉症的手足，成長過程中我們不時聽到別人說這樣的孩子是上帝的禮物，用意在教導人類如何同理與自己不同的人。

對於欠缺同理心，賽門．巴隆．柯恩（Simon Baron-Cohen）提出的想法或許堪稱極端。他認為惡人即缺乏同理心之人，若問「惡是什麼？」他的答案是「同理心的消蝕」。[17]

不難想見很多人將同理心視為解決道德問題的魔法。這樣的論述簡化以後約略是：人類先天只關心自己，最在意的莫過於自身的喜樂與痛苦。靠近火會縮手、渴了會找水喝再自然不過，可是同理心使我們重視他人的體驗，別人的難受變成自己的難受，別人的飢渴變成自己的飢渴，於是我們幫助被燙傷的人、提供水給需要的人。因為同理心，我們將他人當作自己照顧，關切範圍得以擴大而不局限在自身。

於是當人類主動運用同理心，本來不可能的善行得以發生。同理心使我們關切奴隸、遊民、遭受單獨監禁者的處境，使我們進入被霸凌的同性戀青少年、強暴受害者的內心世界。我們能夠同理受鄙視的少數民族或者異國受到宗教迫害的人。我自己沒有切身體會過這種種經驗，但催動同理心就能在一定程度上彷彿親身經歷，於是我變成更好的人。詩人惠特曼在《草葉集》（*Leaves of Grass*）裡說：「我不問受傷的人是什麼感覺，而是自己成為受傷的人。」[18]

同理心推動人類的善行。父母在勸阻小孩某些不當行為時幾乎都用過同一套說辭：「要是別人這樣對你，你會有什麼感覺？」馬丁・霍夫曼（**Martin Hoffman**）估計這種同理心提示在每個孩童生活中一年約出現四千次。[19] 慈善、政治、社會活動也時常鼓勵大家基於同理心採取行動。

還沒完！若要繼續列舉下去，許多實驗室和認知神經科學的研究或者哲學分析，以及針對嬰幼兒、黑猩猩與老鼠的觀察，全被拿來詮釋為同理心對勸人為善極具重要性。

## 與同理心無關的善行義舉

無論多麼擁護同理心，無可否認的是世上仍有其他動機足以引人向善。哲學上的經典範例首先出自中國先賢孟子：路過湖畔，看見孩童在淺處掙扎，自己稍微涉水便能救助，那麼便應當幫忙，視若無睹是不對的。

這項善舉背後的動機為何？當然有可能是因為我們想像溺水者的痛苦或對方父母得知噩耗會傷心欲絕。感同身受可以促使我們採取行動，但實際上並非必要。不透過同理心我們也能意識到讓小孩溺斃並非好事，正常人見狀都會過去拉孩子一把，而且事前內心並未上演同理心的小劇場。

普遍來說，正如杰西．普林茲等人所言，人類不使用同理心也完全有能力做出各種道德判斷。[20]事實上，很多不幸事件根本沒有能夠同理的明確受害者。我們不會贊同順手牽羊、逃漏稅、開車窗亂丟垃圾、不排隊這類行為，而在這些例子裡受害的並非特定對象，也缺乏可以同理的目標。

換言之道德的內涵不限於同理心。我們如何判斷是非對錯，以及各種行為背後的動力，其實有各式各樣的源頭。有些人的道德根植於宗教或哲學對人世的詮釋，有時則來自對他人命運更全面性的思慮，通常稱為憐憫或大愛。比起同理心，我認為這類思想情懷更適合作為道德準則。

此時此刻就能看到這些力量正在運作。想想是否有群人努力為世界打造更好的未來，擔心人類製造太多溫室氣體、耗竭化石燃料、破壞自然環境，又或者未能處理極端宗教組織興起的問題。這些憂慮不需要同理心，因為沒有特定對象可以同理，而是基於對人類生活與發展更廣泛的關切。

在某些情況中，發自同理心的關注反而與部分道德理念有所衝突。在我寫作的同時，學界正進行一場爭辯，主題是教授講課或舉辦研討會之前是否要事先聲明內容可能觸動情緒、甚至歷史傷痛，以便學生有機會選擇是否列席聽講。

贊同「觸動警告」的論點多半基於同理心。試想身為強暴受害者，若教授在一堂本來看似與強暴無關的課程上忽然播放電影片段，畫面竟是性侵過程，那種感受確實糟透了，當下只有兩個選擇：一是留在位置上壓抑忍受，另一個是當著大家的面衝出教室，還覺得自己很丟臉。對於面對此種處境的學生展現同理心

（我想正常人都做得到），就會認為觸動警告是不錯的提議。

但有位學者對此頗不以為然，指稱觸動警告儼然是「同理心正確」。[21]她指出，「相較於藉由探究質疑西方正典的文本來挑戰現況，學生們反而……拒絕閱讀挑戰個人舒適圈的內容。」這種說法或許過分看輕「個人舒適圈」，儘管為此更動整個課程也未必合理，但人類真實的苦痛仍有重量、值得重視。

反對觸動警告的觀點本質為何？[22]其實同樣是在追求人類整體的福祉，基本上也不可能有別的用意才對。這種論調不是基於同理心，關心的不是任何特定個體，而是長期的、程序性的以及抽象的演變。亦有評論認為觸動警告違反提供學生各種嶄新體驗的學術精神，而且由於我們不可能預測所有能挑動學生情緒的主題，因此政策本身並不可行。更甚者，校方若將資源分散在這種事務上，反而忽略了更值得重視的議題，例如如何促進學生的心理健康。

當然主張這些論點的人也可以訴諸對特定個人的同理心，不論是真實或想像的。在道德辯論中，同理心就像調味料可以使滋味更豐富。但反觸動警告一派的立場終究不將重點放在特定個人，也證明了推動道德思辨絕非別無他途。

再舉一個同理心與其他道德考量衝突的例子。丹尼爾・巴特森（C. Daniel

Batson）與其研究團隊進行實驗，他們告訴受試者有一位名為雪莉・桑莫斯的十歲女孩罹患絕症，正排隊等待治療以舒緩痛苦，而現在受試者有權將她調動到等待救援名單較前面的位置。[23]倘若直接詢問如何處置，多數人會認為只能讓她繼續等待，畢竟前面其他孩子也有需求。但若先請受試者想像雪莉承受的煎熬，結果就會傾向將她的順位往前挪，超越那些可能更需要幫助的孩子。此處可見同理心的力道超越公正性，導致多數人認為違反道德的決策。

真實世界裡有許多善行義舉和同理心無關，但我們對此時常視而不見，習慣將一切歸功於同理心而忽略其他因素。《同理心測驗》作者萊斯里・賈米森描述她與蒙受冤獄多年的傑森・鮑德溫（Jason Baldwin）之間的對談：「我起身表達自己對他的寬宏大量深感敬佩，覺得他彷彿出自本能就能原諒當年認定他有罪的那些人，接著我請教他那份寬容來自何處。當時我以為答案必然是大量的同理和正面想像，也就是換位思考的能力。但鮑德溫給了完全不同卻簡單得多的回答——基督信仰。」[24]

接著我們看看札爾・克洛文斯基（Zell Kravinsky），他捐出四千五百萬美元的家產給慈善單位還覺得不夠，在家人激烈反對下，他甚至捐腎給素未謀面的人。種種舉動很容易被解讀為無比的同理心、對他人深刻的關懷，但至少以克洛文斯基的案例來說結果恰好相反。彼得．辛格對他的描述如下：「克洛文斯基聰明絕頂，具有教育和彌爾頓詩歌兩個領域的博士學位……他的無私完全是數學計算的結果，他引述科學研究證實少一顆腎臟的死亡率僅四千分之一，換言之不捐出腎臟代表他自認生命價值有對方的四千倍之高，而他認為這完全不合理。」[25]

辛格進一步闡述這種現象。他主張雖然克洛文斯基這樣的人是基於冷冰的邏輯理性而行善，實際上卻比受同理情感驅使的人做了更多——這個論點在本書中將會一而再再而三出現。

## 結果好壞是道德議題重要的一環

綜合上述，我們可以說仁慈和道德絕不局限於同理心。反對這句話只有兩種可能，其一是將同理心一詞的涵蓋範圍無限上綱而使其失去實質意義；其二則是對道德心理的理解與想像薄弱匱乏。人類很複雜，關於道德的判斷與行為有許多路徑可以走。

討論至此，很多人理所當然會退而主張：雖然同理心不等同道德的全部，但它仍具有相當的重要性。同理心與宗教、同理心與理性、同理心與同情這幾種組合權衡輕重時，沒有矛盾最好，若有矛盾時則同理心應勝出。以先前提及的觸發警告為例，有些人認為同理心是必然選擇。有些人或許會質疑所謂助人不因同理心的案例是否適當。有些人則對鮑德溫說的基於宗教信仰感到嗤之以鼻，或者覺得克洛文斯基是個冷血的效益主義者★，最大化陌生人的存在價值卻犧牲自家妻小的利益，談不上是什麼好人。

我們該如何檢驗同理心？一種方式是觀察結果。倘若同理心使世界更美好，為其辯護自然理直氣壯。但若因同理心而起的種種行為其實讓這個世界每況愈下，引發更多苦難而非福祉，造成痛苦而非快樂，則我們便有更好的理由尋找其他替代選項。

想必沒有人能否認結果好壞是道德議題重要的一環。如果有人疑惑為什麼我們應該救溺水的孩子（我猜這種疑問只發生在哲學家的腦袋裡），「讓孩子死掉不是件好事」就是個好答案：孩子將無法經歷生命的美好，而且許多人會因此傷心欲絕，而你只要涉水拉他一把就免除了諸多惡果。

★譯按：utilitarian，效益主義即過去所謂功利主義。由於「功利」在中文多為貶義，但在倫理學領域實際意義為效益至上、追求整體幸福最大化的思維，學界逐漸以效益主義一詞取代。

但我們通常無法確認行動的結果。尤吉・貝拉（Yogi Berra）曾經說道：「預測太難，尤其關於未來。」染上嚴重毒癮的年輕人被捕，有錢的雙親究竟該保釋他，還是讓他在拘留所過夜學學教訓？孕婦該不該墮胎？學生該不該為了保住獎學金而作弊？華爾街金童是否該毅然離職去念神學院？這類行動的結果難以預料，通常不好判斷孰是孰非。

某些場合當事人對結果充滿信心，下決定不難：無需考慮其他條件時，救一百個人當然比救一個人好，還有強暴當然不對、酒後駕車很危險、縱火燒別人家太過分。問題就在於人世間總有許多不確定性，行善和打牌差不了太多，必須從許許多多無法控制的因素裡找出最好的辦法。以德州撲克為譬喻，起手兩張A已經是最佳狀態，拿到兩張A又碰上對方賭上全副身家，理所當然就會拚下去——可是後面會拿到什麼牌無從得知，以完整牌組來看起手雙A仍有百分之十五的機率會輸。儘管如此，跟注並非判斷失誤，結果不好只是運氣差。

同理，救起溺水的小孩，結果他長大後變成獨裁者，實施種族屠殺甚或毀滅世界，也是一個不幸的結果，撲克玩家稱之為「爆冷門」（bad beat），但當初做出救人這個選擇背後的思維是好的。溺水孩童成為獨裁者這種例子原本只打算在哲學研討會上作為假設提出，詎料後來一位研究生提出一份參考資料：一八九四年冬季，德國帕紹市（Passau）有個男孩玩捉人遊戲時失足墜入冰凍的溪水，一名叫約翰・庫赫博格（Johann Kuehberger）的神職人員前去解救，當地報紙讚譽他為「同鄉勇士」。[26]後來有些來源指出那孩子就是阿道夫・希特勒。

由此觀之，為善的通則之一是參考行動的結果，而據此判斷是非的思考方式有時被稱為「結果論」（consequentialism）。歷史上有傑瑞米・邊沁（Jeremy Bentham）、約翰・史都華・彌爾（John Stuart Mill）以及亨利・西季威克（Henry Sidgwick）擁護結果論，現代則以彼得・辛格和雪萊・卡根（Shelly Kagan）為代表。這幾位哲學家雖未在重點細節上口徑一致，但共通觀點是真正的道德應以最大化善果為基礎。

但並非全世界都是結果論者。有人認為自己如何行動不該取決於結果，而是根據特定原則。舉例來說，康德（Immanuel Kant）的名言便是無論結果為何說謊都不對。同樣觀點可以放在刑求，也就是儘管炸彈快要爆炸了也不該對嫌犯用刑拷問，即使無數人命危在旦夕也不應拿針插入嫌犯指甲下。施虐就是錯的，任何情境下都不對。

日常生活裡的是非對錯同樣不以結果為唯一依據。蓄意殺人和無可避免的意外致死（比方說汽車在結冰的路面打滑）下場都是失去一條性命，但在道德評判上有明顯區隔。結果論在許多案例中導致邏輯與情感和道德直覺衝突，尤其牽涉到自身對於親友的責任感時更為顯著。之後還會詳細討論。

與此相關的論述很多，這邊只提出兩個重點。首先，結果論和原則導向的道德觀兩者之間的差距未必如想像般巨大。[27]許多看似不屬於結果論的抽象原則其實都能用結果論加以詮釋；它們可以被視為應該徹底執行的有益規範，即便有時候不會讓事情變得更好。試想「紅燈停」這個規則，仔細考慮的話這個規則有時不符合結果論，若路上無車無人、自己又趕著回家，合理選擇是繼續前進。但就社會整體而言，徹底實行這套規則，比起交由個人判斷要穩定。避免某些人犯下愚蠢錯誤所帶來的保障遠遠優於路口損失的分秒。類似思維或許能推導至「拒絕刑求」：縱使偶爾出現能夠合理化施虐的條件，就人類整體仍舊是徹底禁止為佳。

再者，抽象道德原則很重要，卻也沒有人能否定結果**同樣**重要。如果康德被迫選擇輕微傷害某人或直接殺害對方，他當然會指出兩種作法都不好，但我相信迫不得已時他勢必同意殺害別人更不妥。（假如我猜錯的話，問題出在康德。）

## 同理心和偏見一樣會扭曲道德判斷

那麼同理心造成了什麼結果？是否締造了更美好的世界？

看起來沒錯。同理心使我們苦人所苦，於是致力於解除苦痛。身邊有人遭到霸凌，我起初可能抵不住誘惑，出於無聊、虐待心理、征服慾望或者為爭取同儕接納而加入施暴行列，但後來我生出同理心，感受到對方的痛楚與被霸凌是什麼滋味，不願意再增添他的難過，甚至挺身保護。同理心像聚光燈一樣，將我們的注意力打在需要幫助的地方。

但聚光燈照亮的範圍很小，這就是同理心的問題所在。世界上許多人需要幫助，可是我們的行動會造成什麼後果很難判斷，尤其並非一時半刻便能看見影響。當下善舉可能造成日後更多且更大的苦難。

再者，聚光燈只能照亮單一方向，換言之同理心會反映出個人偏見。理智上我們能夠瞭解鄰人受苦與異國人受苦本質無二，但實際上我們更容易同理與自己親近、相似、乃至於形象較具吸引力、較脆弱、較不令人畏懼的對象。例如在理性思考下，美國白人會認同黑人與白人地位相等，然而同理同為白人者的處境通常比較簡單。就此而言，同理心和偏見一樣會扭曲道德判斷。

同理心的另一個局限是聚焦於特定個體。這個特性導致我們短視近利且缺乏數字感，無法審慎考量自身行動對於族群整體的影響，也對統計資料、成本與效益估算等等數據不夠敏銳。

檢視這些缺陷時不如回到前言裡舉出的例子，也就是二〇一二年康乃狄克州新鎮桑迪胡克小學的槍擊案，死者有二十個孩童與六個成人。為何社會反應如此激烈？在美國，大規模槍擊案在過去三十年內奪走數百條人命，乍聽令人膽戰心驚，但其實只占了美國他殺死亡人口總數的百分之一再除以十，在統計學意義上幾乎可忽略。[28]（意思是，假如誰揮揮魔杖能使美國再也不發生大規模槍擊案，在他殺死亡人口的統計數據上根本沒人看得出顯著差異。）與桑迪胡克槍擊案同年，美國另一個城市芝加哥有更多孩童遭到殺害，可是連我自己在查資料之前都未曾將芝加哥兒童的性命放在心上，往後或許也不會特別在意……桑迪胡克小學卻時不時便回到我腦海。什麼緣故？

答案很複雜，其一是桑迪胡克案是一個獨立事件，而芝加哥龐大的命案數量相較之下彷彿只是背景雜訊。人類天性容易受到新的、特殊的事件吸引並觸動情緒反應。

還有一個原因是以我個人背景而言，同理新鎮的孩子、父母與教師容易多了，他們就像我認識、深愛的親友。換作芝加哥那些十幾歲的黑人青少年就無法一概而論。

社會大眾對新鎮校園屠殺事件的回應同樣展現同理心的狹隘。大量捐贈反倒造成困擾，得招募數百名義工才能搬運那些禮品與玩具，但物資持續湧入，即便地方當局早已呼籲適可而止，大眾仍置若罔聞。[29] 一間倉庫堆滿絨毛玩偶，新鎮居民不知如何處理，而且該社區本就堪稱富裕，卻收到數百萬美元的善款，更荒謬的是這筆錢有部分來自經濟水準低落的地區。窮人送錢給富人，只因糾結於同理心。

此時不難理解的一種反應是：種種非理性或不成比例的行動不能怪罪同理心，真正的問題始終是同理心不足。我們該做的不僅是同理新鎮的孩童和家庭，同時**也要**同理芝加哥的孩童與家庭。既然要同理，我們自然也應該同理地球上其他數十億人口，無論對方在孟加拉、平壤還是蘇丹。同理無法取得足夠食物的老人、遭受宗教迫害的難民、醫療資源匱乏的窮苦階層、心懷存在煩憂★的富豪、

★ 譯按：existential angst，意指懷疑或缺乏人生意義的心理狀態。

性侵害的被害者以及被誣告為性侵者的受害者……

可是辦不到。理智上我們能尊重所有個體，決策時能將他們的生命重量納入考量，但同理所有人是不可能的事情。事實上，同一時間想要同理兩個人就已經極其困難，你自己實驗看看就明白。首先想像自己認識的某個人正經歷困頓，於是你體會那份感受和痛苦。接著，立刻再想像另一個人處於另一個困境，有截然不同的感受和體驗。你真的有辦法同時同理兩個人嗎？假如辦得到，恭喜你。那麼試試看第三個如何，一路加到十、加到百、加到千，慢慢朝著百萬逼近。幾年前安妮·迪勒（Annie Dillard）就對此發出嘲諷：「今日中國有十一億九千八百五十萬人口，試著感受一下那數字的含義，也就是將你自己——你的獨特、你的重要、你的複雜、你的感情——乘以十一億九千八百五十萬。然後呢？根本沒感覺。」[30]

若上帝真實存在，祂或許能同時感受所有智能生命的喜怒哀樂。對凡夫俗子而言，同理心只是聚光燈，光束範圍十分狹窄，將我們喜愛在意的人事物照得熠熠生輝，也將陌生、相異和遭到排斥的人事物捨棄在無法察知的昏暗中。

倘若問題單純在於關切目標的數量也罷了，實際上狀況更糟，因為同理心使我們傾向捨大逐小，造成道德思考上反常的數學邏輯。於是無論政府或個人都一樣，得知有小女孩受困於水井會奮力救援，面對傷害數百萬、甚至幾十億人的事情卻不那麼積極，或者有時發現寥寥數人困頓煎熬便採取行動，甚至挑起戰爭，不料造成更多人陷於水深火熱。

同理心對個體很敏感，對統計數字卻常常無感。想像一下，某種疫苗出了問題，八歲小女孩蕾貝卡．史密斯注射之後嚴重不適。目睹她的痛苦，聽過她和她父母是什麼樣的感受，於是同理心浮現了，我們覺得該有所行動。但若終止疫苗接種的計畫會導致十多名尚不知身分的孩童死亡又如何？這時同理心會沉默，人心如何同理抽象的數字？一個特定的小孩，一群不確定數量和名字的小孩，當我們意識到捨前者保後者才合理，就代表運用了同理心之外的心智能力。

再看看威利．霍爾頓（Willie Horton）這個例子。他犯下謀殺罪，一九八七年自麻州東北矯治中心（Northeastern Correctional Center）歸休★時再度犯案，強暴婦女並把她未婚夫綑綁起來。基於這次事件，許多人認為歸休制度是州長邁克爾．杜卡基斯（Michael Dukakis）的一項政策失誤，成為後來總統選舉中攻擊他的話題。

但事實不然，歸休制度很可能反而是個有效降低犯罪率的優良發想。[31] 當時

★譯按：furlough，囚犯暫時出獄的假期。

有報告指出實施歸休之後，十五年內麻州累犯率下降，得到歸休的犯人相較沒有歸休的獄友再犯比例明顯較低。就結論來看，歸休制度使社會更好，實行以後謀殺與強暴案都減少了。可是許多人選擇以同理心關注霍爾頓案受害者，卻不對因歸休制而免於強暴、攻擊、殺害的潛在受益者一視同仁。

影響不限於政策面。我認為在日常互動中，善心善舉的關鍵往往並非同理心，而是自制、智慧和更廣泛的憐憫。具有高度同理心就容易感受到別人的苦難，但將太多苦難轉移到自己身上很難提供長效幫助，因為許多遠程目標需要忍一時之痛。比方說正常的父母會要求小孩做某件事或不能做某件事，只看當下的話小孩或許會難受，然而那樣的決定是為孩子將來著想，好比做功課、吃蔬菜、早點上床睡覺、乖乖接種疫苗、看牙醫。為了孩子好，與他們一同承受暫時的難過，這才是愛、智慧與憐惜。同理心在此只會造成妨礙。

## 瞭解他人心理是種工具，無關道德

我所討論的同理心定義是根據亞當・斯密的描述，也就是借位思考、感同身受，特別是感受對方的痛苦。而我主張並將在本書中不斷提供資料證明，這樣的同理心本質偏頗狹隘，導致社會照顧某些人卻犧牲另一群人，而且時常違背比例原則，道德和政策遭到扭曲，苦難沒有減少反而增加。

不過同理心有另外一種詮釋或者說面向，是指瞭解別人腦中的思維，例如對方在意什麼、因何喜因何憂、判斷榮辱的價值標準之類。這與前面所探討的同理心有差別，區隔在於並不是我感受你的難過，而是我理解你難過但我自己並不感受那樣的難過。我是否也反對這種「認知同理心」呢？

不可能。如果道德判斷與行動結果有關——大部分人在一定程度上都會同意這個前提——那麼理所當然，好的道德指標和能否理解人性有關。不懂別人為何快樂，怎麼能使他們快樂？不知別人為何哀痛，怎麼避免傷害他們？無論動機多純粹，若對他人的心理欠缺基本理解，就無法預測自身行為所帶來的後果是好是壞。

假如學生考差了，我要告訴他這一門課被我當掉時，我的語氣態度會盡量別讓他尷尬或過度焦慮，這是基本的善意。我想買個禮物給姪女，即使不是道德哲學家我也能明白挑選標準是她喜歡什麼，而非自己喜歡什麼。想要有好的改變，必須對別人的內心世界有足夠認識。

在政策層次上，這種認識同樣重要。例如一直以來有人爭論同理能力是否應為擔任法官的條件。聽來或許矛盾，但我個人的答案是肯定的，而此處的同理心是指「認知同理心」。我贊同湯瑪士・寇畢（Thomas Colby）所言，法律實務時常需要判斷行為是否殘酷、責任歸屬何方、當事人是自願抑或遭到脅迫等等，這些問題的答案來自對於人心運作的知識。[32]

寇畢舉了個例子：學校懷疑十三歲女學生攜帶毒品進入校園，於是要求脫衣搜身，這是否違反美國聯邦憲法第四修正案賦予的權利呢？法學理論指出實行搜索時不可「過度侵犯」，而寇畢表示侵犯是否「過度」取決於法官能否瞭解十三歲女孩的立場。法官需要的是認知上的同理心。

然而瞭解他人心理是種工具，本身無關道德，為善為惡取決於使用者。好的心理醫生和家長懂得善用認知同理，但詐騙、勾引、虐待之類的行為也得透過認知同理才能成立。另一個例子是霸凌，刻板印象以為霸凌者多半屬於社會無能者（social incompetent），將挫折感發洩在別人身上。[33]但其實論及掌握他人心思，霸凌者恐怕優於一般人，他們要懂得如何使別人恐懼難受才能成功地施行霸凌。

至於缺乏社會智能、認知同理心低落的人呢？多半是霸凌的被害者。

容我以經典小說作為最後一個例子來說明認知同理心的作用。這個人物出自喬治・歐威爾（George Orwell）的《一九八四》——我要說的不是主角溫斯頓・史密斯，而是配角歐布朗。主角上了當以為他是朋友，後來歐布朗揭露自己的身分原來是思想警察，還負責拷問溫斯頓。

歐威爾筆下的歐布朗十分生動、活靈活現。就很多層面而言他簡直像個衣冠禽獸，暗地裡維護人類所能想像最殘暴的政權，但外表看起來卻是個好好先生，和藹可親、平易近人，更善於預測別人的思想言行。比方說在主角遭到電擊，覺得背脊快要折斷的場景中，「你很害怕，」歐布朗看著他說：「懷疑身體什麼地方要裂開了。你最擔心的是背脊，怕脊椎斷成兩截，髓液從裡面滴出來，你現在腦子裡就是那個畫面，對不對呢，溫斯頓？」[34]

歐布朗還說：「你記不記得自己在日記裡寫了什麼……你根本不在乎我是敵是友，因為至少我瞭解你，是個能夠講話的對象？這點倒沒錯，我喜歡和你聊天，對你的心思有興趣。你的思考和我挺接近的，只可惜你瘋了，我沒有。」故事中溫斯頓的思緒一而再再而三被歐布朗看穿，彷彿被他讀了心。後來歐布朗利用主角最深的恐懼毀掉他；那是溫斯頓從未告訴對方，或許自己內心都還不願面對的祕密。認知同理心被誤用的情況就是這麼可怕。

認知同理是有效的工具，想要行善不可或缺，但它並不具備道德本質。相對的，「情緒同理」，也就是亞當・斯密以及大衛・休謨（David Hume）等哲學家所謂的「同情」，現代多數人口中的「同理心」，許多學者、神學家、教育和政治工作者積極捍衛的心理特質，在我看來會腐蝕道德。倘若需要做出道德決定，卻察覺自己開始感受別人的痛苦或喜悅，我認為就該三思而後行。同理過程能滿足自我，卻不會引來真正的正向轉變，反而容易導致誤判並帶來惡果。邏輯理性、成本效益分析、保持心理距離的憐憫與仁慈更有助益。

本書其他部分將詳細解釋和論證此立場，廣至全球政治、深至親密關係，進而探討戰爭的起源與惡的本質。雖然過程中我偶爾會贊同同理心有其好處，但結論不變：權衡之後，放棄同理心會是比較好的選擇。

有些人提出非常合理的質疑或反駁，或許看過前面討論大家心裡也有些想法。我打算在開頭就先對這些質疑做出簡單回應，之後章節再加以補充。

## 對質疑的質疑

**你聲稱自己反對同理心，但同理心代表的其實就只是仁慈、關懷、憐憫、愛、道德等等。你講的很多內容都是針對「感受他人的感受」，但這不是同理心，是別的心理特質。**

上述這個質疑帶我們回到我在前言提過的詞語的定義問題。我討厭爭辯詞語定義；只要能夠彼此理解，用什麼詞彙無關緊要。對於同理心我提出了明確解釋，但若你堅持另一種版本也無所謂。如果你認為同理心等同於道德，對你而言我反對的就不叫做同理心。

然而我對同理心一詞的定義並非恣意胡來，在英語中同理心（empathy）確實最能體現「在內心反映出別人感受」這個狀態，比起同情心（sympathy）的現代用法，或 pity）都來得合適。後面兩個詞基本上用於負面情境，若你欣喜若狂於是我也欣喜若狂，說我同理了你並沒有什麼不對，但若說我同情了你就很突兀。此外，同情描述我們對於別人感受的反應，而不是在自己內心反映出同樣的感受。看到別人很煩惱，你因此不好受，那是同情；你感受到對方的煩惱，叫做同理。別人疼痛，你為他難過，那是同情，你跟著感受到那種痛，稱為同理。

心理學家特別發明了「情緒感染」（emotional contagion）一詞描述情緒由一人擴及另一人的現象，比方說看見別人啜泣自己也會心酸，看見別人大笑自己隨之樂陶陶。這種反應與同理心有關，卻不完全相同。單純運用同理心時，對於別人的困境我們不需真實經驗對方的情緒，只要透過想像又或者推理別人的情緒也能同理其感受，對方是否明確表達並非必要條件。

最後值得一提的是：同理心和憐憫或關懷相關，很多時候我們不特別分辨，但事實上憐憫和關懷的涵蓋範圍較同理心廣泛。一個人說自己同理了數百萬瘧疾患者，聽起來很奇怪吧，但改成他憐憫且關懷這些人則一點問題也沒有。同樣的，憐憫和關懷並不需要在心理上映照出對方的感受。善心人士努力幫助被刑求的人，若說他們這種正向積極的精神狀態是同理對方的結果未免太奇怪，以憐憫形容則不顯矛盾。

撇開詞語定義的問題，從之後討論中我們將會發現確實許多人認為道德源自於我所謂的同理心，也相信設身處地、感受別人痛楚之類的心態非常重要。就連我自己也曾經那樣想。

**同理心強的人比較善良，更會照顧別人也更有道德感。由此可證同理心絕對是善的動力。**

非常多人抱持這種信念，「深具同理心」（在英文裡是 empathic，也有人會說 empathetic，我們就別再拘泥於文字）被視為是一種讚美，同理心的地位和聰明、幽默相差無幾，很適合放在交友網站當自介文。

理論上，「同理心和某些良好特質之間有關」這個說法是可實證的，也就是能經由標準心理學方法加以檢驗。例如我們可以測量某人的同理心高低，看看結果是否能用於預測受試者的行善助人頻率。

但知易行難。要精準測量同理心並不容易，不過仍有人進行過相關研究，結果顯示同理心和善心之間關係薄弱。甚至之後我會提出例子，研究證明對他人苦痛的高度同理心可能導致麻木不仁、偏差決策，甚且常引發非理性的暴行。

**缺乏同理心的人是心理變態、世界上最惡劣的人。我們都需要同理心。**

心理變態（psychopath）做人失敗的比例高，也的確在標準測驗中顯示出缺乏同理心或不願運用同理心的特點。假設後者為因前者為果，也就是心理變態者的不良言行來自同理心缺失，那麼同理心的重要性確實得證。

可是同樣透過實驗驗證，依舊無法建立兩者的關聯性。之後還會提到，心理變態的問題或許並非同理心，而是欠缺自制能力或本性頑劣，同時目前沒有太多證據支持同理心低落導致侵略或殘暴行為的論點。

**或許道德的某些層面不必然與同理心相關，可是同理心仍是道德的核心。沒有同理心，就沒有公平正義和憐憫。**

倘若這句話的意思是必須先有同理心才能行善，則其中錯誤顯而易見。開車窗亂丟垃圾、逃漏稅、在建築物牆壁噴漆塗鴉留下種族歧視的字句，以及其他後果各異的行為，我們判斷該不該做這類事情的時候不需要對真實或想像的特定對象發揮同理心也知道答案。或者想像拯救溺水孩童、捐錢給慈善機構，這些行為可以包含同理心的成分，但顯然同理心並非必要。

說到這兒仍會有人堅持：即使不需要同理心也能判斷是非善惡，但沒有同理心就不會真正在乎他人，也就沒有憐憫與關懷。連心理學家和神經科學家也時常提出類似論點，某個研究團隊聲稱「我們必須先有情緒同理才有憐憫」[35]，另一個團隊則說「情感同理是憐憫的先決條件」。[36]

這種理論一樣從日常生活就能找出反例。有個小孩哭了，因為惡犬狂吠所以她很害怕。我可能會衝過去把她抱起來哄一哄，這個舉動代表我真的關心她，卻無涉同理心。我沒有感受到她心裡的恐懼，一點也沒有。

研究證據也說明這點。塔妮婭．辛格的團隊實驗發現，對一個人有同理心與對他感到憐憫是截然不同的兩回事——腦部活動不一樣，更重要的是效果也不一樣。此外，研究正念靜心★時發現靜坐可以提升慈悲，但原因是修行後同理心得到縮限而非擴張。

**難道不需要一定程度的情緒推動才會成為好人？冷冰冰的理性是不夠的。**

大衛．休謨有句名言說：「理性是熱情的奴隸。」†[37]好的道德判斷勢必要分辨先後輕重，符合道德的行動背後也需要推動力。縱使知道最好的選擇，也需要動機才會真的動起來。

我也如此相信，而且尚未找到足以反駁的論點。但以這句話論證同理心不太

★ 譯按：mindfulness meditation，亦稱作內觀靜心（靜心也可換為靜坐、冥想等詞彙）。此處「正念」所指並非平時所謂正向思考或善念，而是「不偏不倚的覺察」。

† 譯按：原文為「理性是、也應當是熱情的奴隸，除了為熱情服務之外無法勝任其他。」（Reason is, and ought only to be the slave of the passions, and can never pretend to any other office than to serve and obey them.）

對。大衛・休謨口中所謂的「熱情」包含很多種類，可以是憤怒、恥辱、內疚，也可以是較正面而普世的憐憫、仁慈與愛。儘管沒有同理心，我們還是有動力去幫助別人。

大衛・休謨的好友亞當・斯密是道德情操方面的偉大學者，他一度好奇究竟什麼樣的心理動力能壓過人類自私的天性，讓我們願意朝他人伸出援手。同理心曾是亞當・斯密的選項之一，但最終他認為那太薄弱了：「不是自然在人心中點燃善意的火苗。」[38]後來他主張是慎思加上想要做對事的欲望兩者結合才成為足夠的動力。

**同理心可用於行善。很多例子顯示擴大同理心之後帶來正向改變。從反奴隸制度到同性戀人權，道德革新常以同理心為火苗。它也是日常善行的源頭。**

這一點我同意。若是經過理智冷靜分析，發現某個判斷或行為合乎道德，那麼同理心可以發揮支持力量。假設此處所說的善行是施捨食物給無家可歸的孩子，那麼同理孩子飢餓會刺激我們採取行動。假設另一項善行是將大家的道德視野擴大至受鄙視的族群，對該族群運用同理心也能夠引發迴響。如果善行是指對某個邪惡國家發動戰爭，那麼對暴政受害者的同理心就會激發攻擊行動。同理心是慈善機構、宗教團體、政黨、政府都懂得運用的寶貴工具，以合理的道德目標刺激同理心會生出強大力量。儘管我質疑同理心不適合作為道德判斷的依據，但我並不懷疑善用同理心能推動大眾投入好人好事的行列。

關於這一點我有個人經驗作為例證。還是研究生時我讀到彼得・辛格的文章，他認為進步國家的公民應將手上財富大半用於幫助真正需要的人，花費在華服美食本質上如同看見小女孩在淺湖溺水卻不願弄濕名貴鞋子而置之不理。[39]我始終記得這段話，後來幾度在酒吧或餐館對朋友提起，暗忖若就道德層次而言，我們正在殺小孩。

後來一個讀哲學的朋友聽煩了，問我到底捐過多少錢給窮人。我很尷尬，但據實以告：一毛也沒捐過。這回答我自己都耿耿於懷，過了幾天便寄明信片（當時還沒有網際網路）給某個國際救援組織，詢問如何支援他們的行動。

我還記得打開他們寄來的包裹那一刻。本以為我會看到很多實際資料，像是統計數據或圖表等等，結果對方聰明多了，寄來的是個「小孩」：一張護貝好的小小照片，是個印尼小男孩。隨照片寄來的信我沒有保留，不過倒還記得裡頭有這樣一段話：「或許您尚未決定是否支持我們組織，但若您願意，這就是您即將挽救的生命。」

我無法肯定當下的感覺來自同理心，但絕對是情感受到打動，做出回應的是心而不是大腦。他們的策略奏效了：好多年以後，我還繼續寄錢給那孩子的家庭。

顯而易見，情感可以催動善行，有時候功效極其強大。賴瑞莎・麥法庫哈近期的著作《溺水的陌生人》（*Strangers Drowning*）談論到行善者、甚至「道德聖人」的生活，這樣的人知道世上存在巨大苦痛，與常人不同的是他們無法將注意力轉移到別的方向，一心想要救苦救難。她舉出的例子裡有些類似札爾・克洛文斯基屬於理性慎思的類型。其中一位艾隆・皮肯（Aaron Pitkin）比較特別，他讀了彼得・辛格某篇文章之後轉變比我更大：「如果販賣機旁邊就站著一個挨餓的小孩，誰還狠得下心花錢買汽水？對他而言，販賣機旁邊時時刻刻都有個挨餓的孩子。」[40]

然而賴瑞莎・麥法庫哈書中的例子也有很多是受到情感驅使，知道別人受苦就生出濃烈情緒。心靈如此敏感常常讓人不快樂，卻也能推動我們將難以想像的改變化作現實。

另一個值得參考的近期研究來自艾比蓋爾・馬許（Abigail Marsh）團隊，對象是幫助陌生人的捐腎者。[41] 測驗結果與我的論點一致，也就是這些人明明特別無私，標準化同理心測驗得到的成績卻沒有高出一般人。真正的差異點發生在別處——腦部的杏仁核。★先前測驗中，實驗者給受試者觀看照片，內容是神情驚恐的人，結果發現心理變態者的杏仁核體積小、受測時腦部反應弱。研究者據此假設樂於行善者的杏仁核體積較大，看見恐懼表情的反應也較強，而研究結論證實了推論為真。

這代表什麼呢？可能性之一是腦部結構和反應的差異決定了你是什麼樣的人：殘酷、自私的模式會讓人對別人的恐懼無感；仁慈和關愛的模式則使人敏感易察。但另一種可能是，神經差異不是結果而是起因，小時候就對他人遭遇敏感的人（顯然和同理心相關），長大後就更有可能成為那樣的人。

因同理心而做好事的例子太多，彙編成書輕而易舉，可是這無法有效辯護同理心的價值。任何強烈情感都能發揮正面意義，不只同理心。憤怒、恐懼、仇恨、宗教狂熱等等都有可能運用在好的層面。

★譯按：大腦邊緣系統的一部分，與恐懼、激動或強烈情感的判斷和經驗學習有關。

以種族主義為例，最極端的種族偏見也可以造就好的結果，像是基於種族立場而關心了確實該受照顧的人、投票給更為適任的候選人、發動符合正義原則的戰爭等等。但偶爾的正向轉變並不足以說服大眾擁護種族主義，必須證明種族主義帶來的善果大於惡果，以及解釋為何以種族主義作為善的驅力比起憐憫、公平、正義要來得更好。

我們應以同樣標準檢視同理心。多數人太急於承認同理心造成的善，卻對它的代價睜隻眼閉隻眼。我認為這個現象背後有部分原因在於大家都希望自己贊同的信念、信仰得到同理心加持，畢竟一直以來同理心連結的是仁慈與公正（成功的援助、為正義而戰、適當的懲罰），而缺乏同理心（失敗的援助、不正義的戰爭、嚴酷的刑罰）則被視為無用和惡毒的。可惜這是種錯覺。

探討虛構作品激發人們同理心的效用時，很容易就顯露出這種偏見。包括我自己在內的許多人都認為《湯姆叔叔的小屋》（*Uncle Tom's Cabin*）和《荒涼山莊》（*Bleak House*）引導讀者感受虛構人物的苦痛，因而造成重要的社會轉變，但我們很少注意到其他小說也以不同方式發揮了作用。約書亞・蘭迪（Joshua Landy）提供了一些例子：

每一部《湯姆叔叔的小屋》都代表一部《一個國家的誕生》（*Birth of a Nation*）。每一部《荒涼山莊》都代表一部《阿特拉斯聳聳肩》（*Atlas Shrugged*）。每一部《紫色姐妹花》（*Color Purple*）都代表一部《特納日記》（*Turner Diaries*）——描繪白人至上主義的小說，也是奧克拉荷馬州爆炸案凶手提摩西・麥克維（Timothy McVeigh）行凶前留在貨車上的書。上述作品都試圖操作讀者的同理心，但未必皆如高潔的狄更斯透過小杜麗（出自同名小說，*Little Dorrit*）呈現世界，也有作者只關切殖民者遭到北美原住民野蠻攻擊多可憐。艾茵・蘭德（Ayn Rand）（《亞特拉斯聳聳肩》）筆下「創造工作機會的人」滿身光華卻總被只懂勞動的寄生蟲騷擾。這樣的衝突矛盾實在太多了。[42]

想必會有人願意退一步，認同同理心是不可靠的，但堅持我們應該善用同理心的正面效益。對於這種想法我稍微認同，但不忘前述的種族主義說法。即使種族主義可以有正面意義，其負面影響還是太大，為了特例鼓吹這種思考習慣是捨本逐末。我對同理心有同樣顧慮，主張應該改變社會觀點，大眾如何看待政治人物訴諸種族主義，就應該如何看待他們訴諸同理心。

然而人類並非只有同理心（或者更廣泛來說，情緒）這個選項。約書亞・蘭迪提出另一條路，我認為在很多層面上都更為理想：

> 好消息是還有別的辦法可以改變人心，例如呈現真相。我知道聽起來很老派，但看看前美國副總統高爾製作的《不願面對的真相》（*An Inconvenient Truth*）。這部紀錄片並未塑造惹人憐愛的角色，也沒有生動詼諧的台詞，卻對環保運動帶來莫大貢獻。還有《食品帝國》（*Food, Inc.*）、《雜食者的兩難》（*The Omnivore's Dilemma*）以及強納森・薩法蘭・佛耳（Jonathan Safran Foer）的《吃動物》（*Eating Animals*）。過去百年裡市面上不曾出現以肉品工業為主題的暢銷小說，可是大眾（美國）對相關議題的瞭解依舊日漸深刻。[43]

**你提出好幾種替代同理心的選項，但它們就不受局限或偏見影響嗎？**

當然也會。我指出同理心的問題在於聚光燈，心裡在意的人事物變得最亮。然而只要牽涉到道德行動與道德判斷的心理過程都摻雜了偏見。縱使真有辦法從人類大腦徹底抹去同理心，家人、朋友得到的注意依舊會比陌生人多。憐憫存在偏見、關懷存在偏見，就連成本效益估算都存在偏見。無論多麼努力保持公正客觀，我們一定會朝自己有益的方向傾斜。

不過這是一種光譜的概念，最糟的極端是同理心，憐憫則落在中間，也就是單純關心別人、希望他們過得好。憐憫有憐憫的缺陷，只是比較少，神經影像學與靜心修習的實證研究都指出憐憫比同理來得好。尤其針對特定的人際關係，如醫生與病患，我更主張憐憫優於同理心。但若決策涉及慈善、戰爭、公共政策，反同理心的論點很大一部分也適用於憐憫。

最可靠的是理性。麥克．林區將理性定義為證立和解釋的行動，[44]也就是針對某件事物提供理由證明其正當性，理論上要能夠說服中立第三方。更精確來說，推理與論證是建立在觀察與邏輯的原則上，科學實踐就是最典型的範例。

人類不完美，理性也不免於偏見，但它發揮作用時能形成道德覺察。因為理性，我們不被情感束縛，明白遠方孩童與鄰居小孩都是生命，也明白某個孩子接種疫苗生了病和在歸休制度下發生強暴攻擊都是偶發的意外悲劇——同時明白這兩種計畫確實可以增進人類整體福祉，若沒有更好的方案不該廢除。憐憫之類的情感驅使我們關心某些目標，我們因而更在乎他人、更願意行善，但在思考如何達成這些目標時運用理性才是正解。

**你也承認我們常常不是那麼擅於理性推理，甚至很多心理學家和哲學家都認為推理不是人類長處，建議大家相信包括同理心在內的各種直覺情感。**

我們在進行理性思考的時候有可能感到困惑，有可能採取了錯誤前提，也有可能受到自身利益干擾。可是這些現象是運用理性的方式出問題，而不是理性本身有問題。換言之，我們仍然**應該**以理性處理道德議題。詹姆斯・雷秋爾（James Rachels）視理性為道德不可或缺的元素：「道德的最低限度是基於理性行事，考量會受到自身決定影響的個體，平等對待各方利益，做出理由最為充分的選擇。」[45]雷秋爾並非描述多數人遭遇道德難題的實際心理過程，而是呼籲大家應當遵奉此一道德準則。我認為他說得很正確。

這個理念乍聽充滿爭議，實則不然。即使擁戴道德情感的人也會下意識賦予理性優先地位。如果問一個人為何對同理心（或憐憫、同情之類）評價如此之高，對方不會只是堅持自己是對的，或又哭又鬧甚至咬你，而是會提出論點，指出這些情感的正面作用、具體效果，以及如何滿足人類最優先的需求。也就是說，大家為同理心辯護時仍然要祭出理性。

我並非藉機責難學界同儕，不過確實有些人始終未能察覺上述矛盾。這是現代知識分子圈很諷刺的特點，許多學者認為理性無用，他們說試圖以理性分析世界最多不過是掩蓋自私心態與非理性情感的煙幕。為了證明自己所言為真，他們寫書寫文章，以縝密的邏輯推論加上引經據典來構築論述，這種行為彷彿寫首詩告訴大家詩這種文體不存在。

心理學家或哲學家朋友們解決矛盾的手段之一是宣稱多數人沒有能力慎思明辨，而他們自己以及他們的讀者，也就是你我，則是例外。我們比較特別，願意用腦袋，而不只是用心感受。我們願意認真思考如同性婚姻、刑求等等社會議題，其他人則被自己的情感奴役了。我們知道除了情感之外還有其他選擇，例如同理心，而其他人並不知道。

或許有這種可能，但實在不符合我個人經驗。我與許多群體討論過道德心理學，對象不限於學者、研究員，也有高中生、社區團體、宗教機構等等。每次我都以實例說明同理心人和客觀分析如何彼此扞格。比方說威利·霍爾頓一案，對受害者處境的情感反應造成制度改變，但實際上歸休制度整體而言利大於弊。

我主張同理心會使社會走錯方向，而顯然許多聽眾並不贊同這種論調，於是提出各種反駁和反證，但迄今我未曾遇見七歲以上的人否定論證的力量。他們願意承認：倘若我提出的事實資訊無誤，至少特定情況下不要受到情感驅使會得到比較好的結果。

再換個角度，我遇過很頑固、偏見重、吸收慢、愛轉移話題、喜歡質疑不同意見、防衛心過強的人——其實我本人也挺符合這些描述。但我沒見過探討道德問題時能無視資料與論證的人，也沒見過在道德領域中無法將道理擺在直覺前面的人。

理性得到外力協助時發揮得最好，某些社群對理性發展格外有裨益。科學是最佳範例，符合科學原則的思考研究可以超越個人局限。我對同理心的抨擊也一樣，縱使盡力保持公平誠實客觀，但人非聖賢孰能無過，書中也可能出現論述不嚴謹、逞口舌之快、以偏頗態度呈現不同觀點的毛病。所幸世上很多人支持同理心，會非常積極從我的論點中找出漏洞與反證，我會加以回應、他們也會再度回應，雙方都在這個過程中進步。

我並不迷信科學。科學家也是人，也會因為腦袋迂腐或團體迷思之類的問題昧於真相。然而科學體系之所以能達到驚人成就，原因很大一部分在於科學社群建立出讓理性論證能開花結果的條件。我認為這樣的模範能在一定程度上移植到其他領域，例如哲學、人文、甚至某些政治論述。人類不僅有理性，也能夠在道德層次上運用理性。

聲稱心理學研究能夠證明同理心並非好的道德指標，就意味著對是非對錯做出了一些判斷。這點會引起部分人士憂心，畢竟心理學家怎麼可以設立道德標準？

就我的立場，爭議並非由我挑起的。多數人認定同理心就是好的，也有很多心理學家主張同理心極好，否則他們不必寫書、演講、舉辦教育訓練等等活動增進大眾的同理心。坦白說我不同意這些主張，但雙方有個重要的共同認知：我們都認為人類應該追求某些狀態或成果，而彼此的歧異僅在於同理心是否為達成目標的可靠手段。

我的某些道德觀點或許不大主流（我認為大家內心都有這樣一塊），但討論時盡可能以毫無爭議的案例為主，不強求讀者同意我對同性婚姻、以巴衝突、康德和彌爾的哲學有什麼想法；事實上，我也不認為同理心問題與上述主題有關。然而我們都必須承認的前提是：（在其他條件相等的情況下）拯救一千人比只救一個人要好，毫無理由傷害他人是不對的，僅僅因為膚色就鄙視別人也是不對的。倘若認為數字不重要、苦痛無所謂、種族主義合乎道德良知，那麼書中許多論述徒具形式。

本書若要發展為正反雙方的對話，則參與討論者必須建立共識。一個具體例子是：我認為同理心使人高估當下成本卻低估未來代價，這種態度扭曲我們的決策思維。比方說，若必須在眼前看得見的孩子和一年後仍不知名的孩子間擇一挽救，同理心鼓勵我們選擇此時此地面前的人。對我而言，這是同理心的負面作用。有些人認為這並非同理心的瑕疵，又或者覺得同理心有可能致人犯錯，但在其他情境下非常正面，所以人類還是應該多多運用同理心。這兩種觀點有其道理，我會在之後詳細探討。不過如果有人反問：「那又怎樣？誰真的在意死了幾個小孩？」或者「死一個小孩跟死二十個小孩都一樣」，那麼我們雙方顯然共識不足，無法進入下個階段。

前面提過一個問題：心理學家怎麼可以設立道德標準？我的答案是，的確不能。但心理學家可以探討同理心之類的心智功能如何運作，以及它是否能幫助人類達成普世道德目標。至少我懷抱這種期許。

# 第二章

# 同理心的魔法

要是我知道隔壁房間裡有這種苦痛，又或者這苦痛是啞巴，我想我或許就能忍受了。但這苦痛有了聲音，我們心裡一同情就不自在得渾身顫抖。

——H. G. Wells, *The Island of Doctor Moreau*

想像一下你需要幫忙，例如舉辦慈善活動需要志工、想找個力氣大的人合作將冷氣機從車廂搬進屋內，又或者更嚴重的情況，如果沒辦法湊到足夠的錢，孩子便無法進行保命手術。這時候你要怎麼說才能讓別人願意幫助你？

經濟學家的建議或許是訴諸動機。最簡單的辦法是金錢回饋，但若原本所求就是金錢，自然不成立。金錢之外的報酬也有效，包括名聲。儘管確實有相關研究，但不用實驗證實也能肯定：在行為會被公開的前提下，人傾向展露自己的良善。[1]換言之，明示暗示將要進行公開表揚也能激發出善舉。這個策略的運用表現在慈善團體會贈送馬克杯、T恤，透過贈品宣揚捐獻者多麼古道熱腸。

再者是習俗。人類是社會性動物，我們的行為很大程度受到周圍其他人的影響。即使孩童也一樣，他們會觀察旁人反應並模仿學習，進而決定要對求助者出多少力。[2]因此激發善行的另一種辦法就是告訴大家：每個人都這麼做。

不過有些組織機構混淆了這一點，對外發布的訊息反而造成反效果。我曾經在芝加哥大學的一次晚宴上看到一則標語：「您知道本餐廳每季遺失上千個餐具嗎？」這句話本意自然是希望造成學生內心震撼、控制自身行為——好慘，我不知道這麼嚴重，我不會再加重損失了！但至少對我而言，看了標語以後只覺得多一個人將刀叉塞進口袋也無所謂吧。如果不希望別人做某件事，就別說很多人都這麼做比較好。

動機訴求個人利益，習俗則訴求社會性，第三種激發善行的方式是誘導同理心。丹尼爾．巴特森率領的實驗室針對這點做出許多很棒的研究，其中之一營造典型情境：受試者有機會做好事，內容包含捐錢、為別人處理麻煩事、以團隊為優先之類。[3]有些受試者沒得到任何指示，有些被告知應盡量保持客觀，有些則被鼓勵要表現同理心，例如「試著從別人的觀點思考」或者「將心比心」。

巴特森等人反覆實驗，發現同理心受到刺激的受試者比較傾向做好事，願意捐錢、幫忙與合作。同理心讓他們變得比較有愛心。實驗也發現，即使善行沒人知道、有正當理由可以不幫忙，或者拒絕不會有任何後果時，同理心依舊能發揮作用。他們據此認為同理心的效果與獲取名聲、避免尷尬或類似心態沒有直接關係，而是真的開發出助人的欲望。

研究很完整，結果更是符合直覺。試想若自己的孩子危在旦夕，只要有個人出分力氣就能救命，當你與那個人面對面的第一步通常就是訴求同理心，請對方試著感受孩子或你的難受。第一句話很可能是：「如果今天換作是你的孩子，你會有什麼感覺？」

慈善單位一直運用這個策略，透過圖片和故事打動人心、同理受苦者。有回我跟某慈善組織的負責人提到自己正在寫一本書呼籲大眾降低同理心，她聽了很生氣，表示沒辦法激發同理心的話他們就收不到捐款，後果是她照顧很久的孩子恐怕活不下去。

先將慈善擱在一旁，下章將會再細談。回到同理心那簡直堪稱魔法的力量上，現在我們研究一下魔力從何而來。

## 整個大腦都是同理心的迴路？

時至今日，探究心理層面時不拿出腦部掃描的精美圖片就無法服眾，連不該陷入這種迷思的心理學家也下意識認為PET（正子攝影）和fMRI（功能性磁振造影）影像比起其他工具更科學、更真實。學界執著於大腦區塊，彷彿找出某個機能存在於大腦何處就什麼謎題都能解開了。

我在大眾演說中便常看到這個現象。我最害怕聽到的問題是：「這個機制發生在大腦什麼部位？」[4]會這麼問的人通常對神經科學一無所知，就算我瞎掰一個名詞，比方說「這受到 flurbus murbus 控制」，提問者也會心滿意足。這個問題背後的意義是，大家想確定探討的主題實際存在、真的是科學，對他們而言，認同的前提是找出對應的大腦區塊。

可是這樣的假設前提顯示大眾對心智有嚴重的誤會。大腦的後扣帶皮層腦回（posterior cingulate gyrus）在進行某些道德判斷時會啟動——這是事實，不過若非神經解剖學家的話知道也枉然，因為道德思考能力必然位於大腦內部某處，總不可能在腳掌或胃，玄學的非物質世界則不在討論範圍。那麼確定腦部反應的位置究竟有何意義？

換個角度來看，雖然腦功能分區對一般人而言很無趣，但它已經成為神經科學領域的重要工具，使用得當可以指引人類一窺心智運作的全貌。現階段「社會神經科學」或稱為「情感神經科學」獲得極大關注其來有自。

為了研究同理心，神經科學家精心設計多元方法。典型實驗過程是給予受試者特定經驗，例如注視人臉或手部圖片、觀看不同活動或情緒反應的影片、親身感受或旁觀別人感受疼痛、聆聽故事或被要求對人或情境採取客觀或同理之類的特定立場等等。

許多研究在進行時會同步掃描受試者的腦部狀態，偶爾也採用其他方式。近期一種研究方法是穿顱磁刺激（transcranial magnetic stimulation），以電磁能量刺激腦部，觀察特定區塊啟動和休止時造成什麼影響。同時醫界也長期彙整腦部傷患資料，比對創傷種類與功能障礙之間的對應關係。

方法不同，但各種研究都想找出腦部區塊與外在行為的連結（有時也可以藉由腦部區塊啟動順序釐清心理過程）。但我認為這種腦功能分區概念不僅對一般人毫無意義，還製造出更多麻煩。有些研究進一步比對心理活動，想找出人類心智構造的模組與影響。

堅持眼見為憑、認為機能存在的前提是確認大腦對應區塊的人有福了，因為同理心確實存在，可以透過腦部活動觀察到。其實乍看之下同理心彷彿無所不在，普見於整個大腦。有學者長篇大論描述所謂「腦內同理心迴路」[5]，然而迴路包括大腦十個主要區域，其中有些體積很大，超過嬰兒手指，例如內側前額葉皮質、前腦島、杏仁核。這些部位對應的行為或經驗與同理心根本無關。

細究之下就會發現之所以整個大腦都與同理心扯上關係，是因為神經科學家、心理學家、哲學家使用同理心一詞時常常不精確。有些研究裡的同理心符合我說的定義，找出了感受他人感受時的腦部狀態。有些研究則是針對我們試圖理解他人時的腦部反應，通常稱作「社會認知」或「心智理論」（theory of mind），但有時稱作「認知同理」。另一些研究鎖定同理心的具體案例（譬如我們看見別人面孔因作嘔而扭曲時的大腦反應），以及我們決定對別人做好事時腦袋裡發生了什麼事，有些人稱之為「利社會的關懷」（prosocial concern），也就是一般所謂的仁慈善良。區別上述這些現象並加以探究會得出很多有意思的結論，也能看到不同心智功能如何交互作用，之後我會試著再作剖析。

耗費多年、投入數百萬美元，神經科學對同理心的相關研究得出三個重要結果。結果本身沒有什麼嶄新之處，只是印證數百年來哲學家提出的見解罷了，但對人類社會的知識增長仍是十分寶貴。

## 同理心的共振力道單薄

第一項發現是我們在同理別人的體驗與自己經歷相同的體驗時，腦部啟動的區塊一致。換句話說，「我感受到你的痛苦」不僅僅是想像或客套話，從神經科學來看名副其實，掃描報告證實自我與他者之間的連結具有神經系統的證據。

最廣為人知的研究成果出自義大利實驗室，賈科莫・里佐拉蒂（Giacomo Rizzolatti）率領的團隊以儀器連接豚尾獼猴，[6]記錄牠們進行特定動作時的神經活動，發現即使獼猴本身沒事做，只是看著實驗室裡的科學家拿取或操作物體，腦神經居然會產生相同的反應。追蹤後更發現某些神經元不會分辨「自己的動作」和「看到別人做的動作」，這類神經元因此被命名為「鏡像神經元」。

科學家提出幾種假設，其中最單純的一種認為鏡像神經元有助於獼猴學習如何操作物體，也就是牠們先觀察別人的行為，接著透過鏡像作用協調自己的肢體動作。里佐拉蒂團隊想要更深入探究，後來各地都有研究者加入，新的理論是鏡像神經元可能與我們理解他人的心理狀態有關。於是這個元素進入了同理心的研究。就字面敘述來看，不區分自己和別人的神經系統完美地解釋了我們如何與他人共享體驗。

鏡像神經元吸引了很多學者的目光。一位知名神經科學家說過，鏡像神經元之於心理學，就像DNA之於生物學。[7]也有人形容它們是「指引我們明日方向的小小奇蹟」。根據高德溫法則（Godwin's Law），當網路討論無限延伸時，參與者提及希特勒的可能性趨於百分百。我個人觀察到同樣邏輯套用到鏡像神經元上也沒錯。任何涉及心智功能（包括同理心）的討論過不了多久就會有人指出學界早就有一套很棒的理論——一切都是鏡像神經元在幕後運作。

格雷戈里・希科克（Gregory Hickok）在《鏡像神經元迷思》（*The Myth of Mirror Neurons*）一書中指出：大眾在網路上搜尋「鏡像神經元」會看到同性戀與鏡像神經元有關、總統如何透過鏡像神經元窺探選民內心、上帝創造鏡像神經元是希望人類更善良等等說法。[8] 進一步查閱科學期刊，他發現鏡像神經元與（此處僅篩選出重點項目）口吃、精神分裂、催眠、抽菸、肥胖、愛情、商業領導、音樂欣賞、政治傾向、藥物濫用都有關係。

從書名不難理解希科克想批判有關鏡像神經元的浮濫說法，不少學者也認同鏡像機制受到過度渲染。[9] 質疑鏡像神經元能否解釋道德、同理心和語言的論點有好幾種，其中強勢一派指出多數研究以獼猴為樣本，可是獼猴並未展現出高度道德、同理心和語言能力，因此鏡像神經元縱使可以增進人類對心智功能的理解，就科學意義上作為解釋理由並不充分。

然而我們確實找到共享感受的神經機制，也就是我們能夠將別人的經驗和行動視為自身的經驗和行動來處理。更多的事實認定與研究成果是理解心智結構的重要一步。[10]

相關研究有很高比例以痛苦為主題。好幾項研究發現腦部特定區塊，如前腦島、前扣帶迴，在自己感受到疼痛時會啟動，而看見別人感受疼痛時同樣會啟動。[11]實驗中施加痛楚的方式包括對左手手指施以電擊或針刺、耳機中傳出巨大噪音、利用加熱造成不適；一項研究特別將此命名為「致痛熱刺激」。[12]而傳遞疼痛訊息的管道包括讓受試者觀看別人承受電擊、針扎、噪音轟炸或熱氣烘烤，又或者只看著受苦者的臉部變化，甚至有時候只提供文字敘述。絕大多數研究樣本是成年人，但在兒童身上得到的結果差異不大，[13]無論怎麼檢測都發現神經區塊重疊，也就是知道別人疼痛會造成自己腦部出現近似反應。

也有研究以噁心為題。[14]前腦島（與痛苦或其他感受也有關）在我們自己覺得噁心以及看見別人感覺噁心時都會運作。這項發現符合直覺，多年前網路上病毒式散播了一部影片名為《兩女一杯》（*2 girls, 1 cup*）[15]，在此我不想深入敘述內容★，只能說畫面極度令人作嘔（若讀者因此想上網搜尋，請記住我已經給了

★譯按：巴西色情片《飢餓婊子》（*Hungry Bitches*）的預告片，包含嗜糞癖女子吞下彼此排遺物的情節。

觸發警告）。網路雜誌《石板》（*Slate*）的編輯突發奇想，製作專題拍攝觀看該影片的過程，觀眾受訪時五官扭成一團。影片裡只有他們的臉，但是看了覺得荒謬又噁心——看著他們覺得噁心，自己體內也會生出一抹噁心感。

自我與他者的交疊或許是一種精明的演化策略。[16]人類是社會性動物，理解其他個體的內在思維，精準猜測到別人的想法、欲求與感受可以帶來很大好處。我們沒有心靈感應能力，只能透過感官取得資訊、進行推理。一個可能的解釋是我們理解他人的方式就像我們理解任何現象一樣，比如植物的生長、天體運行等等。然而還有一個可能性是我們自己就有心智，並且能夠以心智作為實驗室模擬他人的思考和行為。

這種情況可以用一個問題來示範：fish和transom這兩個英文字，哪一個比較多人能看得懂？回答的方式包括分析哪個字比較常見、人如何學習英文、口語使用的頻率等等。但更有效率的辦法是你自己覺得哪一個字比較容易理解，然後推測別人也是同樣感覺。這就是將自己當作實驗樣本，從實驗結果去推斷別人的情況。

心智實驗室適用於主觀經驗。砍斷腳趾比較痛，還是車門夾手比較痛？我們可以從頭開始，就像科學家研究新物種時會先調查生物構造。但更有效率的方法是根據自己的疼痛記憶（或者想像自己遇上這兩種狀況）並預期別人也有同樣的感受。

不過心智模擬也有限制。首先必須假設別人和自己類似，而這常常已經是一種誤解。好比很多人相信狗狗喜歡被擁抱，因為我們喜歡擁抱。這個認知恐怕就錯了，專家說狗兒天性不喜歡被抱，還很討厭。世界上許多苦痛（以及很多不被欣賞的生日禮物）源於我們以自己為依據去判斷別人。我無所謂就覺得別人也無所謂，我喜歡的東西別人也該喜歡。這種想法會出差錯，否則不會有句拉丁格言說 *De gustibus non est disputandum*（「品味無對錯」，即「各有所好」之意）。

我們偶爾還是可以成功理解背景與處境不同的人，這代表心智模擬不是理解別人的唯一途徑。希科克指出人類常能明白貓狗的心思，知道狗兒吠叫與貓咪呼嚕、搖或翹尾巴之類舉動是什麼意義，但我們當然不會在心裡模擬牠們。[17]再者，天生四肢缺陷者也能瞭解旁人，從一舉一動中判斷對方心理，知道用力甩門是因為生氣之類的，儘管他們自然不能在心中模擬動作。還有我自己不喜歡乳酪，卻能明白別人為什麼喜歡，我能為兩歲小孩挑選禮物，但我自己當然對那些東西沒興趣。即使不模擬，我們也有辦法推敲別人心理。

最後，以自己的心智反映他者的心智這樣的能力不該被誇大。神經掃描能找到雙方腦部活動的交集，卻也找得到差異。被戳手的人、看別人被戳手的人兩者的磁振造影影像不盡相同而且很好分辨。何況自我與他者是心理上的區隔，大腦處理上不可能全然相同。看別人被摑巴掌自己臉頰不會發燙，看別人被按摩背部自己的痠痛不會緩解。人是否真能感受他人的痛苦？視標準而定，有的標準下可以，有的標準下其實不算。與真實感受一對比，同理心的共振顯得單薄微弱。

儘管近三百年前還沒有磁振造影技術，但當時亞當・斯密就提出了同樣的觀點，並指出來自同理心的經驗不只分量有差距，質地也不同。同理對象的經驗沒有真正發生在自己身上，「因此不僅程度較低，就某些衡量標準來說也從性質上就有了變化，所以兩者無法一概而論。」[18]

## 理解不等於感受

同理心反應可以自然而然且極為迅速。看到別人被榔頭敲到手指，我們很可能眉頭緊蹙，這種反應彷彿本能。但通常無論我們自己是否意識到，同理心會受到自身信念、期望、動機與判斷的修正。這是神經科學的第二個發現：我們自身對同理對象的想法，以及我們對對方所處狀態的判斷，都會影響同理經驗。

舉例而言，一個公正對待你的人與一個曾經欺騙你的人，一般人都比較能同理前者。[19]而一個競爭對手和一個合作對象，我們比較能同理後者。曾有研究請受試者觀看影片，內容是關於因愛滋病痛苦的患者，並告知受試者其中部分因注射毒品而感染、部分因輸血感染。[20]結果大部分受試者對因施打毒品而染病的人同理心較低，連掃描結果也呈現相同結果：注視因毒感染的患者時，腦部與痛苦有關的前扣帶迴皮質反應比較微弱。更甚者，受試者越明確表達自作孽不可活的思想，自陳的同理感受越低，腦部反應也一樣。

亞當・斯密再次預料到這樣的結果，他認為我們對別人的同理心其實摻雜各種考量。[21]他特別指出大眾對於某人突然的飛黃騰達無法產生正面同理心態，因為嫉妒感太強烈，掩蓋了祝福對方的情緒。同樣的，若我們認為對方自作自受或者遭遇的困難並不嚴重，就不會為他們感到難過，我們不同理愛發牢騷的人。亞當・斯密特別舉例：有個男人正在說故事給兄弟聽，結果對方卻哼起歌來，即使他真的很生氣，我們也不會同理那種心情，只覺得滑稽。

同理心還會受到隸屬群體的影響，也就是對方是「我們」的一份子還是「他們」的一份子。歐洲一項研究請來男性足球迷接受測試，受試者的手背受到電擊，接著看見另一個人也受到電擊，結果發現如果雙方支持同一支球隊，則同理神經反應較強，也就是自我與他者的痛楚重疊較多；雙方支持的球隊互為敵對時則不然。[22]

再想想我們對自己所排斥的人有何反應。[23]拉薩納・哈里斯（Lasana Harris）與蘇珊・費斯克（Susan Fiske）請受試者觀看吸毒者與遊民的相片，若受試者覺得他們噁心時，腦內側前額葉皮質的反應減弱，該部位對應的功能是社會推理能力。這項研究未直接著眼於同理心，但結果暗示了面對特定對象，人類腦部會關閉社會理解功能：我們不把他們當人看。

由此可見我們對他人的反應，包括我們的同理反應，其實反映了自身的喜惡、偏好與主觀判斷。這顯示了同理心並不會讓我們更道德，形成道德的機制很複雜。我們對誰產生同理心牽涉到既存的認知，包括擔心誰、在意誰、親近誰——這些前提本身就是道德抉擇。同理心無法使人在道德判斷上倒向因吸毒而感染愛滋的病患，反倒是你對一個人的道德評價決定了你會不會生出同理心。

經由神經科學得到的第三個重要發現則在於感受和理解之間的區別。

到目前為止，我對同理心的定義相當於亞當·斯密所謂的同情心，也就是感受他人的感受。有些人會懷疑感同身受這個現象是否與理解他人心理狀態有關，而我也特別補充過好幾次，理解別人心理的能力有時候一樣稱為同理心，不過更精確的說法應該是認知同理心。接下來的問題就是，一般的同理心與認知同理心究竟是不是同樣一回事。

假如它們其實是同樣的心智能力，我對同理心的批判就會出問題。人類若不能在一定程度上理解別人心思的話會很難生活，倘若感受到別人痛苦這種現象來自於神經系統，而且這套系統也掌管日常生活的社會理解，無法擇一保留只能同時存在，那麼捨棄情緒同理的代價太大。

有些學者確實將兩者放在一起討論，不區別理解與感受，統稱為「投射式同理心」(projective empathy)。如同「換位思考」這句成語所示，我們可以體會對方感受，也可以明白對方的思路。[24]

但投射或者換位思考都只是譬喻。真正發生的是，當你與他人互動時你經由感官得到資訊（觀察表情、聆聽話語之類），這些資訊決定了你相信或感受到什麼。一方面我們根據這些線索判斷對方的心理狀態（例如你認為某個人覺得很痛），另一方面這些線索讓我們自己產生某些感受（你自己也覺得痛）。理解別人和複製別人感受這兩種機制理論上可能是同一個神經系統、也可能是分開的神經系統，重點是人類可以知道對方痛，自己卻不感覺同樣的痛。

就事實來看，兩者是獨立系統的可能性比較高。賈米爾・薩奇（Jamil Zaki）與凱文・奧克斯納（Kevin Ochsner）的文章指出：目前已有數百篇研究支持對於心智的特定觀點，兩人稱其為「雙系統假說」。[25] 一個系統負責複製別人的體驗，也就是平常所謂的同理心；另一個系統負責推論別人的心理狀態，可以叫做心智化（mentalization）或者讀心。兩個系統能夠且經常同時啟動，但它們在大腦結構上位於不同部位。例如在額頭底下的內側前額葉皮質和心智化相關，更後面的前扣帶迴皮質則是同理心所在。

分別看待兩種心智能力會產生一些有趣的結果。試想我們如何分析心理變態的罪犯。近期有篇學術文章論及這些麻煩人物的同理心是高是低，作者們找到的證據指向兩者皆然：「心理變態的罪犯引誘被害者時充滿魅力、平易近人，就這點來看應該是高度同理心。隨後的強暴行為極為冷酷，則顯示同理心缺損。」[26]

那麼答案究竟是什麼？

作者們解決這個矛盾的辦法是區分能力（能不能同理對方）和意願（願不願意同理對方）。他們認為心理變態罪犯的同理能力正常，但就好比在九十五號州際公路開車時聽收音機，想聽清楚歌詞的時候會調高音量，碰上龜速卡車而想要超車時就降低音量集中精神。罪犯試圖誘惑人、爭取信任的時候大量使用同理心，施暴時便關閉同理心。

這樣的區分肯定存在。兩個人縱使同理心總量相同，實際動用多少分量仍取決於個人。再者，根據前面提過的研究，同理心的有無和強弱受到自己與同理對象的關係影響，這個心理機制也有可能為心理變態犯罪者的行為提供部分解釋。

不過神經科學研究提供了更簡單的分析方法。心理變態者的內心世界看來難以理解是因為我們認為理解他人心理狀態（用於引誘人）和感受對方體驗（包含痛苦在內，所以會妨礙施暴）屬於同一種能力。恐怕並不是，心理變態者沒必要反覆操作同理心開關，而是很單純地善於理解別人心思卻不太感受得到別人痛楚，也就是認知同理心很高但情緒同理心很低。

即便如此也並非否認理解和感受彼此相關。嗅覺、視覺與味覺是獨立機制，但交織起來才能享受美食。或許以冷血態度進入別人觀點，反而可以更精準體會對方感受，反之亦然。無論如何，理解與複製感受是不同過程，探討同理心優缺點時必須牢記這一點。

## 同理心為什麼使人善良？

至此我提出的研究已經降低了同理心的地位。人類心智如鏡像般反映別人的感受，可是鏡像有所局限，透過同理心感受到的痛苦無法與真正的痛苦相提並論。同理心取決於自己如何評價對方，因此不是我們先有同理心而後善待別人，反而常常是先判定對方值得善待（因為這人曾經善待自己，又或者只是很像自己）才會生出同理心。總之，本書內容圍繞在情緒同理心，若能與理解他人心思這種必備技能分開來看會比較有益。

但不要忘記討論的起點，也就是對同理心的力量進行實證研究。無論在實驗室或真實世界，同理心看來能讓人向善，這是我們要去解釋的神奇魔法。

同理心為什麼使人善良？一個顯然的答案也是多數人的直覺反應：同理心

將我們的自私動機延伸到別人身上。最清楚的例子就是別人疼了，我們跟著覺得疼，於是我們會想要幫助對方不疼，這樣一來自己的疼痛才會消失。盧梭在《愛彌兒：論教育》（*Emile, or On Education*）中說得好：「如果內心湧出情感使我將自己和同胞連結起來，那麼我不願對方受苦，否則我自己也會受苦，我關心對方，因為我關心自己。這種思想根植天性，無論身在何處我都追求自身福祉。」[27]

這套理論的優勢是淺顯易懂，「（通常）沒有人喜歡受苦」這個最簡單的事實解釋了同理心為何成為道德力量，卻也暗示同理心作為動機其實是種自私。

不過自私又如何能夠解釋同理心導致的善行？因同理心而感到不適，人的反應常是逃離現場。喬納森．格洛弗（Jonathan Glover）說過一個故事：納粹德國期間某位女性住在集中營附近，從她家裡就看得到裡頭慘絕人寰的景象，包括囚犯被槍擊後留在原地等死。[28]這位女士後來寫信慷慨陳詞：「沒人想目睹這種慘劇，我感到噁心，精神負擔太重，長期下去受不了，因此要求集中營停止不人道的行為，或將場地轉移到我看不見的地方。」

她的確因為看見囚犯被殘酷對待而痛苦，但沒有因此積極援救，而是只要能將酷刑畫面搬到她看不見的地方就滿足。我們對這種感受應該不覺得陌生，有些人為了躲避處境不好的人上前乞討而改變行進路線，這麼做不是心裡不在意（若真不在意就視若無睹走過去便罷），而是因別人的困境感到不舒服所以寧願別去面對，很多情況下逃走還比較容易。史迪芬・平克提及：「救助兒童會（Save the Children）多年來在雜誌刊登廣告，一張貧困孩童的照片看了叫人心碎，底下寫著『您可以每天付出五分美元拯救胡安・拉莫斯，也可以翻過此頁』。大部分人翻頁了。」[29]

還有個小說裡的例子來自威爾斯（H. G. Wells）的作品《莫洛博士島》（*The Island of Doctor Moreau*）。一隻正受苦的動物發出叫聲驚嚇到主角愛德華・普倫迪克，「彷彿全世界的痛楚找到了聲音表達。要是我知道隔壁房間裡有這種苦痛，又或者這苦痛是啞巴，我想——我一直都在想——我或許就能忍受了。但這苦痛有了聲音，我們心裡一覺得可憐就不自在得渾身顫抖。」[30]

這個例子有時被引為感受他人經驗所帶來的道德驅力與同理心的力量，問題是普倫迪克怎麼做？他離開了，出去外頭散步，躲在樹蔭底下睡午覺就不必聽見那個聲音。

換言之，如果同理心僅僅只是多一個人痛苦，那麼根本不具備幫助他人的意義。要消除隨同理心而來的痛苦，最簡單的方式永遠不會是致力於增進別人的福祉，而是翻頁、轉頭、捂上耳朵、思考別的事情，或者睡個覺。

如果同理心真的促使我們捨棄「逃避」這條容易的出路，並且採取更積極的行動，那麼背後應該還有其他機制。丹尼爾・巴特森團隊設計了頗富巧思的實驗，受試者確實有個選擇是離開研究情境，然而他們很少這麼做，寧願對自己同理的對象伸出援手。這個結果使自私動機理論的立場變得很尷尬。

我比較認同巴特森對於同理心的力量的分析。他認為同理心使別人的體驗成為看得見且明顯的存在，因此很難置之不理。[31]我愛我家小寶貝，她很難受，我同理了以後將她抱起來想點辦法，主要原因不是讓自己好過（雖然這是結果之一），如果我只是為了避免那股難受，走出家門聽不見她哭聲就好。同理心讓我意識到自己喜愛的對象不好過，既然我愛她，當然就會幫助她。

從這個角度切入才能理解訴求同理心為什麼時常奏效。同理心本身無法自動轉化為善心，可是同理心能夠觸動既存的善念。它使原本就善良的人更善良，因為善人不樂見苦痛，同理心卻突顯了苦痛。反過來說，如果讓一個虐待狂的同理心更強大，只會讓他從施虐中獲得更大快感；假如我漠不關心我家小寶貝，她的哭鬧只會讓我更煩躁。

同理心也能夠支撐普遍性的道德原則。如果有人甩我耳光，我身心都不舒服，但這種感受本身並不會讓我瞭解到我不該打別人耳光。可是如果我對被掌摑的人產生同理心，明白他們被摑的感受與我被摑相同，這樣一來可以幫助我得到一體適用的結論：我被甩耳光不好，所以別人被甩耳光也不好。

可以說同理心使人意識到自己並不特殊。並非只有我不想被摑，他和她都不想，以此類推下去便懂了沒有人想被摑，進而支持禁止這個行為。[32]在這個層次上，同理心與道德相輔相成：運用同理心以後我們發現自己與別人的感受一樣，於是支持公平的道德準則，而這些道德準則鼓勵我們繼續對他人發揮同理心。

對於支持同理心的人來說，以此為起點更容易解釋為何同理心是善的力量。

## 秤秤你有多少同理心

同理心施展魔法、成就善行。但在真實世界裡，同理心的真正效果如何？回答這個問題的一個辦法是檢驗同理心的強度和道德之間的關聯，高同理心的人是否真的比低同理心的人表現出更高的道德？

可以想見很多學者進行這樣的研究。然而探討科學發現之前我們得先有個認知：這種研究性質複雜，測量善行和道德不容易，測量同理心更是難上加難。

先來看看測量的問題。有些人特別具有同理心，很容易感同身受。原則上很多方法可以測試個體同理心的強弱，之前也提到了一些，比方說觀察與同理心運作相關的腦部區塊活躍程度，可惜這個作法的技術要求與成本都極高。多數大規模實驗即便測量標的為同理心，作法卻與測量自戀、焦慮、開放度之類心理學家感興趣的特質一樣——用問的。研究人員對受試者的回應進行評分，分析得分與善行惡行之間的關聯性，而所謂的善行惡行也得加以測量，可能是透過觀察、實驗或者問更多問題來判斷。

相對於其他方式，問卷調查的優點是操作簡單，但並非沒有缺點。首先問卷形式很難判斷我們測量的是真正的同理心，還是受試者心中想像的自己以及想展露給別人看見的形象。說得難聽些：有些人未必真的高度同理心卻自以為很有同理心，又或者希望營造良好形象刻意為之，這兩種狀況會影響受試者如何回應。

再來這類研究鮮少能夠排除與同理心相關的其他變項，例如智能、自制、悲憫等等。就好比說牙齒健康的孩童比牙齒不健康的孩童更有可能進入頂尖大學；任何研究一定都會發現這樣的正相關，但因此推論牙齒影響了學習成就就大錯特錯，決定命運的可不是牙醫。真相是牙齒狀態良好的孩子多半出生在經濟水準高的家庭、成長環境也相對比較好等等，類似變因才能解釋結果的相關性。同樣的，未必是同理心造成好結果，關鍵有可能是與同理心相關的其他人格特質。

還有一個問題是，標準的同理心量表本身設計就稱不上完美，主流的問卷內容包括感同身受這個定義下的同理心，卻也包括別種心智能力，像是仁慈、憐憫、對他人的關心等等。

馬克・戴維斯（Mark Davis）開發的量表非常馳名，[33]受到包括我自己在內的許多研究者使用。我學生的研究主題不是同理心而是對命運的信念，也能以此為工具。[34]這份問卷分為四大項，底下各有七個子項目，戴維斯表示它們「各涉及『同理心』整體概念的不同面向」。量表內容之一為**觀點取替**（perspective-taking），針對受試者是否對換位思考有興趣；再來是**想像**（fantasy），試圖瞭解受試者能否認同虛構人物；**同理感受**（empathic concern）著重對於他人的感受；最後則是**個人不適**（personal distress），測量受試者觀察到別人的負面經驗時會產生多大的焦慮。

**想像**這個項目底下有下面幾個子題，測驗時對照自己性格與每項敘述，從「不能精準描述我」到「非常精準描述我」的幾個級別中選擇最吻合的評價：

——閱讀有趣的故事或小說時會想像同樣事情發生在自己身上是什麼感受。

——我很融入小說角色的感受。

——我有做白日夢和幻想的習慣，會想像自己有什麼際遇。

這些問題確實有效評估了受試者對於虛構作品的投入程度，卻和我們想要探究的主題有差距。一個人可以高同理心卻不喜歡讀小說，或者低同理心卻愛幻想、愛做白日夢。

**觀點取替**與同理心比較相關，不過也一定程度上牽涉到對於不同意見是否採取開放心態。其子項目包括：

——我相信所有問題都有一體兩面，會盡力全部加以考量。

——我做決定之前會先試著理解所有人的立場。

同上，受試者有可能在這兩點取得高分卻一點兒同理心、甚至認知同理心都沒有，又或者分數很低但換個角度看就同理心滿滿。

其餘兩個標準，也就是同理感受和個人不適在許多人看來是同理心的本質，不過難以區辨感受他人苦痛和單純的關心他人。**同理感受**的子題有：

——我常常受到身邊的人事物感動。

——有時看到別人遇上麻煩我不會難受。（反向題，低分代表同理程度高。）

——我非常關心朋友。

——在團體中看到落單的陌生人我會覺得難過。

這幾個自我評估當然和道德感有關，卻未必能證明同理心傾向，只是關心別人的程度。

**個人不適**最難分析，基本上是測驗一個人在緊急狀態下是否無法冷靜，包括：

——看到別人急需幫助時，我會很慌張。
——在緊急情況下我會很恐懼、不自在。
——我碰上緊急情況容易失去控制。

這些敘述可能和同理心有關。或許高同理心的人遇上危急時情緒波動大，然而這種連結很不牢靠，尤其字面描述沒有指定所謂的緊急情況和他人受苦有關。有些人遇上管線漏水、看到龍捲風接近就會嚇破膽，與同理心沒有半點關聯，也和憐憫、無私等等沾不上邊。

另一種常見的量表叫做「同理商數」（Empathy Quotient），由巴隆．柯恩與莎莉．惠賴特（Sally Wheelwright）共同開發，其基礎為巴隆．柯恩十分著名的「同理思考與系統思考」（empathizing-systemizing）理論。[35]他認為平均而言女性傾向同理思考，男性則較注重系統思考。所謂系統思考是指喜歡邏輯分析與建構系統。此理論將自閉症視為「極度男性化大腦」，對系統化異乎尋常的執著，轉化成外顯行為就是強迫性的專注在某些事情，像是火車時刻表、拼圖遊戲，以及較低的同理思考，也因此影響他們和旁人的互動。

我覺得巴隆．柯恩的理論很有趣，不過他定義的「同理思考」一團亂。有些問題精準捕捉到了同理心，例如：

——我覺得以別人的角度思考很容易。

——看到別人哭泣並不會讓我難過。（反向題）

但其他問題更像是社交敏銳度，與同理或憐憫沒有多大關係：

——我能輕易判斷別人是不是想要展開對話。

——常有人說我在討論時無限上綱。（反向題）

——我很難判斷在社交情境中自己應該怎麼做。（反向題）

巴隆．柯恩研究的是自閉症，設計出的量表似乎也更注重能否判斷自閉症患者的狀態，用於測量同理心並不理想，畢竟有些人同理心強卻羞於社交，或者社交技巧高超但沒有同理心。

綜合來看，現有且常見的同理心測量方式都囊括很多主題，同理心只是其中一項，其餘還有關懷和憐憫，甚至是否臨危不亂這種與同理心八竿子打不著的特質。

針對同理心與善行之間的關係，最後要注意的背景因素是「發表偏差」（publication bias）。探究同理心的研究人員自然而然期待能找到同理心的功效，應該說所有人做實驗都希望能得出明確的結果，做不出相關性的研究很可能不被發表；所以這種現象有個別名叫做抽屜問題（file drawer problem）。縱使研究者投稿了也很難獲得刊登，沒有結果的研究對審閱者和編輯都太無趣。

自陳偏誤、與同理心高度相關的其他變因、測量不精準、發表偏差，這些問題加總之後導致學界能看到的研究已然膨脹了同理心與善行的關係。而真正的關係究竟是什麼？

出人意料的是，縱使有這麼多有利的條件卻依舊無法在同理心與善行之間建立明確的連結。數百篇對象包含成人和孩童的研究，整體結果就是沒結果。少數研究找出了少量不顯著的關係，其餘或無法確立關聯性、或模糊曖昧、甚至自相矛盾。也有學者以後設分析整合多項研究試圖拼湊出全貌，得到的結論一種是相關性不存在，一種是太微弱難以辨識。（按慣例，對這些研究和後設研究有興趣的人可以查閱書末注釋。）[36]同理心在前述巴特森的研究裡發揮了最大效果，而那是實驗室特別營造的情境，若利用問卷調查個別差異則不顯著。

截至目前為止我將重點放在高同理心和行善是否相關。若換個角度看向光譜的另一端，先不考慮高同理心是否促進善行，那麼低同理心會不會導致人變壞？同理心低落與暴力有沒有關聯？

即使我這麼質疑同理心，卻也認為同理心太低與殘暴之間應該有一定的相關性。同理心會抑制殘酷的心態看起來很合乎邏輯，如果我能感受別人的痛苦，我應該就比較不願意造成別人痛苦，否則會讓自己也痛苦。缺乏同理心的人少了這道防線，所以低同理心和惡行應該有關。

可惜這部分連我都高估了同理心的效益。最近一份論文回顧所有關於同理和攻擊行為的研究，標題即結論：「同理心和攻擊行為之（無）相關：後設研究的驚人結果」。[37]內文指出同理心只能解釋大約百分之一的攻擊行為，換言之即使擁有某個人的大量資訊，包括精神分析、紙筆測驗、犯罪紀錄、腦部掃描等等，要預測攻擊性有多強時同理心高低仍是最沒有參考價值的項目。

顯然論文作者群始料未及，於是結論很大篇幅試圖闡明這個怪異發現，或者更精確地說：為何沒有任何發現。他們最後認為是大家過分注重同理心，造成一般人對低同理心族群有成見，以為對方必然冷淡無情、漠視旁人悲喜，然而這根本是誤會。作者群說：「除了同理心之外還存在其他情緒和思緒，也有許許多多在乎別人的理由。」

同理心較高不代表好人，同理心較低也未必是壞人。之後幾個章節旨在解釋所謂善良可能與憐憫、關懷這兩種不同層次的情感有更高的相關性，而邪惡背後是缺乏憐憫、對他人的關心，以及無法控制自己的欲念。

第三章

# 做好事，也要做對事

人類之所以能摧殘彼此，也正是因為我們想像別人境況的能力是那麼有限。

——Elaine Scarry

支持同理心的強勢論調之一奠基於同理對方就會善待對方，這個現象在實驗室、日常生活、乃至於常識邏輯中都成立。倘若世界更為單純，每個兩難都只是某一個人遭遇立即性的凶險，每次幫助別人都絕對有利無害，那麼同理心的地位自是不可動搖。

但世界沒有那麼簡單。常常（我認為其實是絕大多數狀況）同理心引發的行為並非符合道德的正確選擇。

實驗室內進行的研究鮮少能模擬複雜情境，設計本身也先入為主認定同理心帶來的結果必然正面，像是更樂於助人、更傾向合作、對需要幫助的人更願意伸出援手。只有丹尼爾．巴特森的研究團隊是例外，他們的研究方法別出心裁。

值得注意的是巴特森支持「同理心與利他假設」，也就是同理心會促進助人行為這個概念，然而他並不認為同理心必定帶來正面結果。他曾說道：「同理心誘發的利他行為不是道德也並非不道德，而是無關乎道德。」[1]

為了驗證此點，巴特森設計了一個特殊情境，而實驗顯示同理心會引人做出一般大眾思考後認為錯誤的應對。他向受試者介紹名為生活品質基金會的組織，該慈善單位致力於幫助重症兒童在生命最後幾年能夠活得舒適。接下來受試者要聆聽訪談，對象是等待治療名單上的孩子。在設定為低同理心狀態這一組的受試者得到指示：「訪談的時候請盡可能保持客觀，不要被孩童的情緒牽引，以旁觀者的角度思考。」然而對高同理心組則告知：「請想想訪談對象過著什麼樣的生活、疾病如何影響人生，並且盡量體會孩子的境遇與感受。」

接受訪談的小女孩叫做雪莉・桑莫斯，她「年僅十歲，但非常勇敢聰明」，將自己的末期病症描述得鉅細靡遺，積極表達自己希望得到生活品質基金會的援助。之後受試者必須填表，看看是否願意連署將雪莉的順位往前提，同時提醒若選擇這麼做，就換成另一個孩子得等待更久才能獲得照顧。

實驗效果相當顯著。高同理心組有四分之三的受試者決定調整雪莉的順位，低同理心組僅三分之一有同感。由此可見同理心並不會提升我們對公平的追求，反而導致目光集中在同理對象，犧牲他人也在所不惜。

這個實驗再次印證了本書開頭形容的同理心像個聚光燈，其中一點更刻劃了同理心支持者亟欲強調的：因為同理心，別人的苦痛變得清晰可見，他們遭遇的問題成了真實、突出、具體的現象。對於獲得幫助的當事人而言，或許認為一切都是同理心的功勞，如果大家沒有同理心根本不會理睬他。

不過這個比喻也點出了同理心的缺陷。聚光燈只能對準一個地方，其餘部分則會陷入黑暗；它的光線範圍是局限的。也就是說，能看見什麼取決於你將燈朝什麼地方照過去，於是很容易受個人偏見影響。

人類的道德生活中並非只有同理心具有聚光燈的性質，其他情緒如憤怒、羞愧、罪惡感、感激也一樣。但不是所有心理過程都有這樣的局限。我們仍能理性思考，針對道德也有更為抽象的邏輯推論，決策的根基可以是成本效益評估或者更普遍的準則。想必前述實驗中未將雪莉順位往前調動的受試者就是以此為據：他們不只關注單一女孩，而是保持距離通盤思考。有些人擔憂這種不帶情緒的觀點過分客觀冷漠——或許我們可以用螢光燈來比喻這樣的中立思考，之後會詳細描述，但本段重點在於同理心的局限是無可迴避的。

## 一個人的死是悲劇，一百萬人的死是數據

由於聚光燈的效應，倚靠同理心會造成理性思考下並無法認同的扭曲結果。這個現象透過一些有趣的心理實驗得到印證。

在一項實驗裡，受試者各自拿到十美元，並被告知可以自由捐款給其他一無所有的可憐人。[2]一切都採匿名方式進行；受贈者以數字為代號，由受試者抽籤決定捐給幾號。控制變項在於：有些受試者先抽籤才捐款，有些受試者則先決定要捐多少才抽籤。奇妙的事情發生了，先抽籤的人捐款數目遠遠高出後抽籤的人，達六成之譜。專家推論這是因為決定了對象以後，受試者更能想像一個特定個體身無分文的感覺，而不再只是抽象概念。

同樣的團隊進行了另一次研究，這回實驗方式是捐錢給人道收容機構為家庭搭建住屋。[3]兩組受試者得到不同指示，分別為「已經選好受助家庭」和「即將選出受助家庭」。即使只是字面上的細微差異結果也大不同，第一組願意捐獻的金錢多了不少，很可能是因為具體（已經被選出的人）和抽象（未來才要選出的人，可能性有非常多）的差別。

有些研究比較了我們對一個人受苦與很多人受苦會如何回應。[4]心理學家問受試者他們願意資助多少錢幫忙研發一種能夠保住一個孩童性命的藥物；另一組受試者則被告知藥物能夠保住八個孩童的命。實驗結果顯示，兩組受試者捐助的數額相當。然而若加入第三組，並告訴受試者受助的特定孩童的姓名並展示照片，則該孩童得到的贊助明顯提高——也就是一個人能得到的援助比八個人還多。

上述實驗室內的發現就是所謂「可辨識受害者效應」（the identifiable victim effect）。[5] 四十年前湯瑪斯・謝林（Thomas Schelling）就曾說過：「一個六歲棕髮小女孩出面說她需要幾萬美元動手術才能活到聖誕節，郵局就會被湧來的捐款給淹沒。但如果新聞說營業稅調降以後，麻州各級醫療院所因為預算不足導致醫療品質下降，可預防的死亡案例些微上升，結果不會有多少人落淚或掏錢。」

可辨識受害者效應突顯了人類情感很普遍的一個現象：**對數字無感**。倘若我們總是關注特定個體的苦痛，就會造成一個人的處境比一千人的還重要這樣有悖常理的情況。

想瞭解我們的情感對數字多麻木，想像一下自己剛看到新聞說遠方國家有兩百人死於震災。你心裡有什麼感覺？再想像一下，原來方才看走眼了，實際上死了兩千人。你有感受到十倍的難過嗎？甚至，真的有更難過嗎？

我很懷疑。一個人可以比一百個人還重要，因為單一個體反而能夠挑動群體無法喚起的情感。據傳史達林曾說過：「一個人的死是悲劇，一百萬個人的死是統計。」連德蕾莎修女都曾表示：「面對大眾，我不會行動；但注視著一個人，我就會行動。」由此可知在道德決策上數字的重要性立足於理智而不是情感。

聚光燈特質的首要問題在於範圍狹隘，再者則是只能對準自己喜歡的方向，也就是受到偏見左右。

先前提到神經科學研究已經以很多方式證實了同理心和偏見有關，與同理經驗相關的腦部區塊對於目標是敵是友、是自己人還是別的群體很敏感，甚至會判斷對方看上去是舒服還是噁心等等其他資訊。

一如可辨識受害者效應，我們可以在實際生活中看到這樣的偏見。讓我們回顧近幾十年內觸動美國社會情緒反應的一些事件。

例如小女孩掉進水井的案例。一九四九年，加州聖瑪利諾市才三歲大的凱西・菲斯克（Kathy Fiscus）摔進水井，事件轟動全國。約四十年後，一九八七年十月，媒體暱稱為「潔西卡寶貝」的潔西卡・麥克盧爾（Jessica McClure）則是跌進了德州的窄井口，救援行動持續五十五小時。當時雷根總統說：「美國社會上下一心，大家都是潔西卡的教父教母。」[6]

大規模事件也會挑起我們的情緒，只要能夠在群眾中看到受害者。所以我們對某些慘劇、災害、重大犯罪的迴響特別大，比方說二〇〇四年的海嘯、二〇〇五年的卡崔娜颶風、二〇一一年的艾琳颶風、二〇一二年的珊迪颶風，當然還有二〇〇一年的九一一雙子星。本書開頭也給過一個例子，就是桑迪胡克小學槍擊案導致二十名孩童和六個成人死亡，引發全國各地悲慟與想要伸出援手的渴望。

這些事件確實嚴重，問題在於為什麼我們關注這些卻不關注其他的悲劇？絕對不會是客觀上的重要程度排序。保羅・斯洛維奇（Paul Slovic）以娜塔莉・霍洛威（Natalee Holloway）為例，一個十八歲的美國學生前往荷屬阿魯巴島度假時據信遭到綁架謀殺，該案占據電視新聞的時間遠遠超過同一時期發生在非洲達佛（Darfur）的種族屠殺事件。[7]他特別指出每天死於可預防疾病的人數超過卡崔娜颶風死亡人數的十倍，甚至因營養不良而死亡的人數都在十三倍以上。

很明顯的，我們關注事件與否無涉受害者痛苦程度、全球重要性或者自己能出多少力，單純反映天性的偏好和在意程度。大眾特別關注嬰幼兒福祉，若外觀與自己相仿、來自同樣社群的人就更放不下。整體而言，我們最關心與自身相似的人，包括思想、語言、容貌的相仿，若牽涉到自己或所愛之人更不在話下。

亞當・斯密在一七九〇年時已經提出同樣的觀點，使用的舉例至今仍十分有名。他請大家假設中國所有人口都死於大地震，接著想像一個「歐洲的人道主義者」如何因應：「我認為首先他會對不幸罹難者表達深沉哀悼，反覆感慨人類生命的脆弱、人類辛苦建立的一切有可能瞬間化為烏有……說完大道理、表達自己對人性的體悟以後，這個人會繼續自己的工作、生活，或是去休息、娛樂，態度從容不迫，彷彿天下依舊太平。」[8]

亞當．斯密隨後以更切身的事件作為對照：「可是一丁點雞毛蒜皮的小事發生在自己身上都能造成他的焦躁不安。假如明天保證會斷一根手指，這人今晚肯定睡不好。就因為從來沒見過對方，即使死了好幾億的人類同胞，他還是能睡得很安穩。」

稍微修改一下亞當．斯密的譬喻，想像要遭受斷指之痛的人並不是自己，而是一個很親近的人，例如家中老么。我想大部分人同樣會夜不成眠，造成的衝擊遠遠超過聽聞遠方的大量死亡。雖然羞於啟齒，但我們必須坦承：比起沒聽過的國家出了重大變故，網路斷線或不穩令我更有情緒。

不過也有例外。偶爾我們會受到遠方的事件吸引，典型情境是因為看到畫面、聽到故事，於是那份苦痛變得鮮明，觸發本來要事到臨頭才會啟動的情緒與情感反應。

作家、記者與影視製作如何切入道德考量是個值得探討且足以獨立成書的主題，不過我們大致都能體會到文學、電影、電視節目等等確實能夠吸引目光，促使大眾關心陌生人的痛苦。[9]哈里特・比徹・斯托（Harriet Beecher Stowe）一八五二年的著作《湯姆叔叔的小屋》除了是十九世紀銷售最好的小說，也轉變美國人對黑奴的態度；狄更斯的《孤雛淚》改善了十九世紀英國社會的兒童處境；亞歷山大・索忍尼辛（Aleksandr Solzhenitsyn）的作品揭露蘇維埃集中營的恐怖。電影如《辛德勒的名單》、《盧安達飯店》擴展我們對於他人困境（歷史上的或發生在異鄉的）的認知，原本大眾根本不會注意這麼多。

可是要從眾多時空距離遙遠的主題中挑選一項專注描繪，取捨的依據是記者、製片、作家的直覺，由他們決定何者最為重要又或者最能引起共鳴，也因此有些明明對很多人都重要的事情仍舊得不到關注。有很多故事提及美國監獄內的慘況，但鮮少引起社會迴響，儘管那是數百萬人的真實人生，但外界大半不想理會這數百萬人。譬如很多人口中和心中都將監獄內的強暴案當成笑話，甚至是惡有惡報的證明。

人類的選擇性關注影響甚鉅。約莫二十年前，沃爾特·艾薩克森（Walter Isaacson）便表達過深深的挫折感，因為美國社會十分關注索瑪利亞危機，卻相對無視（客觀上而言更慘烈的）蘇丹問題。他哀怨問道：「這世界幫助索瑪利亞人卻拋下蘇丹人，真的只因為索瑪利亞人比較上相嗎？」[10]

其實在索瑪利亞之前還有比亞法拉★大飢荒這個例子。記者菲利普·古勒維奇（Philip Gourevitch）描述當時美國人看到電視畫面中「四肢如柴、腹部鼓脹、眼神渙散」的孩童實在太過心疼，後來大量信件湧入國務院，每天高達兩萬五千封。[11] 詹森總統不知如何處理，忍不住要求副國務卿：「想辦法把那些黑娃娃從電視裡趕走！」

撰寫此書的過程中我發現一門學術叫做「災害理論」（disaster theory）[12]，該領域很多研究都在探討自我利益作為心理動機。以美國為例，每到選舉年，總統更可能宣布國家災害，選情激烈的州則會得到較多捐款；換言之這筆錢名目上是救災，實則為誘因或賞金。災害理論的其他研究還提到人類的關注焦點缺乏統整性，時常無法合理評估何處最需要幫助、何處能發揮善意最大的效率。沃爾特·艾薩克森埋怨的便是這樣的現象。

★譯按：Biafra，奈及利亞東南部由分離主義者建立的的國家，但未獲普遍承認，一九六七年成立，一九七〇年即宣告滅亡。

有些案例並非一翻兩瞪眼，索瑪利亞優先於蘇丹是對是錯並非三言兩語能夠道盡。然而其他例子未必這麼複雜，可愛動物是最明顯的情況。要援救沾染油汙的企鵝群，還是如二〇一四年達拉斯花費兩萬七千美元照顧一隻感染伊波拉病毒的狗？金錢和精力可以用在刀口上。

我並不認為前面討論到的各種偏見都來自同理心，但有一部分的確是。與自己相近的人、曾經善待自己的人、自己喜愛的人都是比較容易同理的對象。正因如此，我們更傾向幫助他們。神經科學實驗室內找到的同理心偏見實際在人類每日互動中上演著。

可是有些偏見的成因比同理心更深層。我們天生就偏袒朋友家人而不是外人，對於同樣群體的成員更照顧，對相異或敵對的團體則否。人之所以如此是演化歷史的一環，從達爾文主義的角度來看若要避免被淘汰的命運，就應該保護擁有相同基因和會幫助自己的生物，這麼做能得到相對於競爭對手的優勢。優先照顧親近個體的態度影響層面廣泛，除了決定我們較容易同理誰，還影響了我們喜歡誰、傾向對誰好、想與誰建立關係、懲罰誰等等。

也有些偏見來自人類注意力模式的特點。新鮮的人事物比較能引起我們興趣，接觸太多、習慣了就漸漸麻木。我們可以忽略冰箱鎮日發出嗡嗡聲，也可以對始終沒有好轉的問題視而不見，無論是非洲兒童餓死或美國的他殺數字。大型凶殺案盤踞電視螢幕、報紙頭條、網際網路，最慘烈的幾次深植於集體記憶——科倫拜高中、維吉尼亞理工學院、奧羅拉市、桑迪胡克。但除非恰好認識受害者，否則其餘百分之九十九點九的命案對大眾而言只是背景雜訊。

這些偏見不是來自同理心，然而同理心的聚光燈性質導致同理心會受到偏見影響。同理心範圍狹隘、目標單一且缺乏數字概念，所以通常都受到注意力焦點或種族思想的牽制。唯有放下同理心，嚴格遵守規範和準則，或者進行成本效益的評估，人類才能盡可能達到公平公正。

## 別掉入同理心的陷阱

偏見真的這麼嚴重嗎？在乎的人會指出行善具有零和性質，時間金錢並非無限，用來拯救鯨魚的每分錢都幫不到樂施會，花在為地方美術館挨家挨戶募款的分分秒秒對改善遊民處境都沒有助益。

但有什麼關係呢？人類本來就不完美。即便我們幫助別人的背後動機真的是基於種族、群體之類的偏見，但總比什麼都不做來得好；縱使同理心以及類似的情感將我們推向錯誤方向，可是至少是在幫助別人，而不是袖手旁觀。討論善心善行是否為零和，前提是有人願意出錢出力。如果有人要做好事，卻因為同理心而選擇做少一點，那麼就該怪罪同理心。然而一開始沒意願做好事的人因為同理心選擇行動了，那同理心應該是加分。

批評同理心聽在某些人耳裡大概就像一個老笑話：猶太祖母帶著孫子在海灘散步，忽然一陣巨浪將男孩捲入海中。她當場下跪、痛哭流涕朝上帝禱告：「噢，主啊，請救救那孩子。主啊，我甘願付出一切！」祖母不斷祈求，忽然間又起了大浪，男孩被沖回岸上，奔進祖母懷中。兩人緊緊相擁，祖母抬起頭開口了，語氣很不耐煩（請自己配音）：「他的帽子呢？」

沒錯，上帝當然有能力連帽子也還他們，可是帽子真的那麼重要嗎？記著這故事，然後想想情感如何誤導我們的關注方向。彼得．辛格舉出一個例子：邁爾斯．史考特（Miles Scott）是個五歲的白血症病患，他得到喜願基金會（Make-A-Wish Foundation）幫助；有一天時間可以擔任超級英雄「蝙蝠童」。[13]男孩隨著扮演蝙蝠俠的演員駕駛蝙蝠車進入舊金山，拯救身陷險境的少女，追捕反派謎語人，最後從市長手中接過市鑰，整個過程獲得成千上萬民眾歡呼喝彩。

辛格表示他得知此事當下的確心頭一暖，但隨即質疑代價到底多大。喜願基金會聲稱每個願望的平均花費是七千五百美元，不過蝙蝠童計畫顯然會高出許多。若以這個數字來做保守估計，他指出同樣金額用於補貼瘧疾盛行區的蚊帳可以保住三個小孩子的命。辛格解釋：「救一個小孩的命和滿足一個小孩當蝙蝠童的夢想，孰輕孰重不是顯而易見嗎？假如邁爾斯的父母可以從圓孩子一天的夢與治好孩子的白血病之間做選擇，想必也沒什麼好猶豫才對，更何況現在能救治的還不只是一條命而已。那麼為什麼很多人捐錢給喜願基金會，卻不願意幫忙瘧疾防治基金會呢？他們針對瘧疾疫區提供蚊帳，而且成效卓著。」

沒人會否認三個孩子的命比起讓一個孩子一天快活更有意義。儘管仍會有人反駁辛格，因為一般人並不是這樣做決定的。不會捐款幫助孩童夢想成真的人很可能也無意協助預防兒童感染瘧疾，結果那筆錢會用在更沒意義的地方：換車、度假、改裝廚房之類。既然辛格的考量這麼務實，就該明白這些資源投入蝙蝠童計畫反而還好些。

因此我也不認為同理心對慈善活動的最大影響在於零和性，我擔憂的是其他層面。

就結果來看，源於同理心的善行常常造成惡果，可能使世界變得更糟糕。此處我並不想拿極端案例來討論，例如第一章提過被解救的溺水男孩成了日後的希特勒，畢竟無論如何進行道德抉擇總是會有出差錯的時候。我在意的是在很多實際狀況下，明明知道會有什麼下場，人們卻還是任由同理心發揮其負面作用。

思考這個過程時，可以先跳脫慈善這個領域。想想教養子女。父母如果總是將自己投射到孩子的感受世界，勢必會變得過度保護、關心、甚至戒慎恐懼，完全無法要求紀律和自制。好的教養模式包含接受孩子短期的難過，甚至偶爾主動造成孩子的短暫痛苦。比方說，父母需要否定孩子的欲求，例如晚餐前不能吃蛋糕、年紀太小不准刺青、深夜不能去參加派對等等；也要施行一定程度的紀律，而紀律往往就是約束孩子眼前的享樂。同理心會干擾教養，急於增進孩子當下的幸福感很可能會賠上未來，並非真正為他們著想。有些論點認為教養的關鍵是父母得放下自我中心，但由此觀之恐怕也該放下同理心，不能太過強調減輕別人的苦痛。

再回到慈善來看，辛格發現社會上有不少人喜歡「送暖」，[14]作法是對很多慈善單位做出小額捐款。他們覺得自己幫助了很多人，每次付出都在心中激起一陣愉悅感，簡直就像從滿桌子點心裡挑出最精緻的品嚐。然而真相是小額捐款會妨礙慈善單位運作，處理捐款事項的成本可能比收受的金額還高。此外，雖然辛格沒有提到，我要補充的是慈善單位多半會與捐款人進行後續聯絡，這也是一筆大開銷，尤其有些單位選擇寄送實體郵件。假如你反對某個組織的理念，捉弄他們的手段之一就是捐個五美元過去。

更嚴重的問題發生在西方世界對開發中國家的援助。[15]援助究竟發揮什麼作用各方意見莫衷一是，但共識逐漸傾向有害無益。許多人擔憂西方富裕社會出於善意的幫助反而殘害了數百萬人。

乍看毫無道理，給挨餓的人送食物、為傷病者提供醫療，這類行為何錯之有？部分問題在於國外的援助將影響有助於一國開發的長期經濟與社會發展，例如贈送食物的結果卻導致該國本地農業與市集無法營運。（美國存在類似議題，像是有人反對政府提出的社服計畫或針對企業進行紓困。補貼可以解決當下困境、維持就業率，但長遠來看可能負面大於正面。）另一個疑慮是食物與醫療資源可能被武裝人士占用，包括進行種族屠殺的不法分子，於是善行變成害人而非救人。

何況世上也有寡廉鮮恥不擇手段的人，同理心會反過來變成他們為惡的利器。想想孤兒院，正因為很多人認為院童需要幫助，於是有人乾脆製造這個需求。舉例來說，在柬埔寨的孤兒院裡，多數院童事實上知道至少雙親其一身在何處，但院方索性威脅利誘窮困父母交出孩子。《紐約時報》一位作者對此現象所做的總結與本章標題相符：「外國人發揮強烈同理心，不只捐錢甚至自己創辦機構——下場反而是供過於求……雖然也有乾淨衛生、管理完善的單位，但聯合國調查顯示很多孤兒院設備老舊之外，還讓院童身處遭受性侵害的危機……『同情是最危險的情緒，』金邊的人權組織創始人烏威拉（Ou Virak）說：『柬埔寨需要跳脫乞丐心態，外國人也應該停止純粹以情緒來回應。』」[16]

再來想想發展中國家兒童淪為乞丐的狀況。孩童瘦弱憔悴的模樣看在吃飽穿暖的西方人眼中十分震撼，心存善念的人很難壓抑衝動而不去幫忙，可是幫了以後只是助長背後的犯罪集團，他們奴役成千上萬孩童、時常施虐致殘。給那些孩子錢使這世界變得更可怕了，眼前看似幫到某幾個人，造成的後果卻不堪設想。

太執著於非預期的後果會導致某些人得出極端的結論，也就是我們根本不要助人也罷。但我的主張並非如此。很多慈善團體運作良好，善心、努力加上大家的捐助在絕大多數情況符合期望，推動世界朝更美好的未來前進。捐血、發放蚊帳避免瘧疾蔓延、讀書給盲人聽這類善舉沒有什麼負面效應，不是每個故事都得像歐．亨利（O. Henry）的作品一樣來個大轉折收尾。如果太拘泥於難以預料的後果，恐怕淪為自私冷漠的藉口。

不過若要避免自以為是的行善，追求真正有效的善舉，首先得願意處理複雜糾結的議題；再者必須面對阻力，有些阻力背後是邪惡、是貪慾。為此我們應當退後一步，別掉入同理心的陷阱。結論並不是呼籲大家別再付出，而是希望每個人付出得更有智慧，能夠瞻前顧後。

## 仔細想想我們為什麼做好事

然而討論依舊要回到原點：縱使同理心的聚光燈性質有時領我們走向冤枉路，總有人擔憂一旦放棄同理心大家就會什麼也不做，除了自己誰也不在乎，屆時人間將成為煉獄。

我認為這種論調反映出許多人對道德的想像十分貧乏，無法理解別的心理驅力同樣能夠取代同理心的好處，卻沒有那麼多壞處。前面已經提過，從解救溺水的女孩到捐腎臟給陌生人，日常生活中許多例子顯示善行背後不一定是同理心，有可能是下一章要深入研究的悲天憫人的情懷，也或許為了名聲、情感、憤怒、驕傲、罪疚，世俗與宗教的信仰體系也能勸人為善。社會太急於建立同理心與善的連結。

再加一個例子。小時候我爸偶爾會在傍晚時分坐在廚房餐桌邊寫支票，捐錢給一些主動聯繫的慈善團體。其實我爸根本很少認真看慈善團體寄來的內容，所以怎麼能說他對那些弱勢產生同理心？我問他為什麼捐款，他的回答是：幫助比自己不幸的人是一種義務。先前我曾經說過，像我爸這樣未經慎思就出錢出力其實有風險，但此處主要想表達的是，只要退後一步，仔細看看自己與別人為什麼做好事，就會發現理由絕對不是只有容易扭曲又目光短淺的同理心。

我提過自己對好人的定義是一方面關心他人，也就是希望解除他人痛苦、改善世界整體狀態；另一方面則要懂得理性思考，評估最適合的作法。符合這種條件的思潮已經存在，名為「有效利他主義」（Effective Altruism）[17]，簡稱ＥＡ。

有效利他主義者對自身思維的解釋是：「結合心靈與頭腦的新社會運動。」這句描述很棒，心靈推動善念，頭腦分析實現善的最佳辦法。

有效利他主義並不容易推廣。捐腎給陌生人的札爾．克洛文斯基認為大眾無法理解是因為「不會數學」。[18]我覺得不完全正確，真正癥結是太多人根本不管數學。

但大眾是可以加以說服的，我們可以鼓勵大家理性分析政策的利弊得失。雖然有人認為人們行善只是追求自我感覺良好，不過多數人也希望自己能做對事。社會上有很多資源可以檢視慈善單位的效益，確保自己的付出真正發揮功用，常見之一是givewell.com。珍妮佛．魯本斯坦（Jennifer Rubenstein）認為EA這類運動強調決策應基於實證資訊，「比起建立在可辨識受害者、魅力動物（像北極熊）、大明星（如波諾〔Bono〕）、過度簡化的壞蛋（約瑟夫．科尼〔Joseph Kony〕）、以及災難慘烈畫面的訴求要好得太多了。」[19]

有效利他主義並無法吸引所有人。[20]彼得．辛格前陣子在《波士頓評論》發文主張這個概念，編輯邀請多位學者或社運人士討論回應，其中多人出言批評。一派贊同應將行動的正面效益最大化，但在具體作法上與辛格不同，他們認為大眾根本不該投入過多資源在個人性的慈善捐款，反而應該專注於影響範圍更廣的政策遊說，例如抵制軍火交易與保護關稅等等。另一派則認為追求績效不應倚靠個人，而是透過企業組織。有些人憂慮有效利他主義造成預料外的後果，像是過度專注在個人的付出，於是如美國政府主導的大規模慈善活動反而乏人問津。

彼得・辛格對於反對意見態度審慎，時而接納時而反駁，大體上認為這些疑問可以透過實證加以解答，並根據情況不同分別衡量。我想基於史考特・亞歷山大（Scott Alexander）的論述補充：現階段考量上，有效利他主義的一個優點是認識論層次的謙遜態度。[21]藉由發放蚊帳防治瘧疾未必是第三世界問題的最終解答，可是無論如何評估總是利大於弊。反之，其他政治面上的介入就未必了，倘若有效利他主義也朝那種方向傾斜，便和其他政治運動沒有明顯分別，失去自己的獨特意義。

史考特・亞歷山大更進一步區辨「人對自然」和「人對人」兩者。救治疾病是人與自然之間的抗衡，也是目前有效利他主義者關注的焦點。對抗全球化資本主義則屬於人對人的範疇，雖然也有可能為人類整體帶來長遠利益，但我們很難預料其結果究竟如何。事實上很多人支持全球化資本主義，真心相信市場經濟擴展以後可以改善整個世界。

最後勢必回歸實證分析才有辦法判斷如何行動能夠造就整體最大的利益。身為心理學家，我對有效利他主義引發的另一種回應很有興趣。賴瑞莎・麥法庫哈注意到許多人（或許不包括她自己）的想法是「將人視為抽象概念並保持一定距離，會讓人覺得不自在，即使結果比較好也一樣」，並稱之為「利他主義的無人機計畫」（the drone program of altruism）。[22]保羅・布萊斯特（Paul Brest）批評有效利他主義太過「自命清高」，[23]凱薩琳・唐博（Catherine Tumber）則討論辛格舉出的一個例子：有個叫做麥特・魏吉（Matt Wage）的年輕人去華爾街賺大錢好扶持飢貧。在她看來魏吉的工作本身已經「激化全球貧富差距問題」，即便回頭行善也不高尚——「只是反映出他真的不知民間疾苦」。[24]

辛格對這類批評意見沒興趣，尤其不認同凱薩琳・唐博說麥特・魏吉捐的錢等於沒有幫助任何人（辛格質疑她如何能夠確知），以及她反對社會對行善進行量化分析。[25]辛格對她的評論是：「聽起來，假設今天明知道有兩個盲人慈善團體需要同樣經費，一個幫助的人少、一個幫助的人多，她會選擇資助受益者少的那邊。」他的結語是，「對這種想法我不知道要回應什麼。」

我與辛格有同感。幾年前我上了一個廣播節目宣傳書，主題是幼兒的道德心的起源，現場恰巧與一位牧師討論到人類和陌生人的互動，例子是發展中國家的乞兒。我試著指出根據現有資料，施捨乞兒會助長其背後的苦難，並暗示大家別再這麼做比較好，錢可以用在更有意義的地方。

這位牧師的回答令我十分訝異。她並不直接與我爭辯事實資訊，反倒明言她就是喜歡施捨乞丐，將食物或金錢交給孩童時對方滿足的神情使她很快樂。她進一步將之解釋為重要的人際接觸，與連上樂施會網站輸入信用卡號是完全不同等級的事情。

當下我沒有回應，一方面不想挑起爭端，另一方面有時候腦袋不是那麼敏捷。如果再重來一遍的話，我會說答案取決於自己究竟想要什麼。假如是追求所謂人際接觸的愉悅，那就儘管去施捨那些可憐孩子，感受從小手上傳來的電流，帶著一身暖意走回飯店。但若追求人類社會的進步，我們還有別的選擇。

批判彼得．辛格的意見有一點很正確，那就是大眾未必總是將健康和安全視為第一優先。舉例而言，人類也想要活得有尊嚴，也想要參與自己的進步過程。我們思考成本和效益時要顧及西方世界相對富裕，唐博批評麥特．魏吉賺錢助人是本末倒置的說法並非全然無理。另外我也明白保持距離的慈善確實太過冷冰而缺乏互動。我身邊就有一位金錢不虞匱乏的教授定期前往紐哈芬市擔任餐點義工，她知道自己寫張支票效果更好，但仍舊希望能接觸自己幫助的對象。我不會看輕這種互動，計算成本和效益的時候，一位耶魯大學的教授能否從中獲得滿足或多或少有其意義。

只不過我依舊主張這種互動不該與實際的苦痛相提並論。有個孩子挨餓很久了，食物可以藉由無人機空投，也可以由義工堆滿笑臉送上去、給對方一個大大的擁抱。對孩子來說差別沒那麼大，人際接觸是好，卻沒有好到能與真實的生命平起平坐。

## 暫且放下自己

針對同理心的缺陷，伊蓮・史蓋瑞在短文〈想像其他人是如何困難〉中提出很深刻的觀察。[26]她的切入點和我不同，但我想兩者能巧妙互補。

史蓋瑞一開始採取支持同理心的態度，指出我們如何對待他人取決於可否想像對方的生活。接著她話鋒一轉：「**而人類之所以能摧殘彼此，也正是因為我們想像別人境況的能力是那麼有限。**」史蓋瑞思索有什麼手段可以鼓勵社會成員對陌生人、外地人表達更多善意，她想到一個同理心式的方法是「建構全球性的同理心互助網絡，靠所有人主動積極、每天反覆『想像』別人的處境」。

這個辦法在國際政策圈與哲學圈獲得很多支持，如瑪莎・納思邦便闡釋了同理心大大影響我們如何對待別人，特別是遠方的人。[27]由於小說是擴展道德想像的好途徑，一些作者也深受這個觀點吸引。一八五六年，喬治・艾略特（George Eliot）便主張過對他人的良善背後一定會有某種情感推動：「透過歸納和統計得出的訴求需要既存的同情與本就運作中的道德情操。」[28]她認為透過小說或其他藝術都能挑起那些情感，結論是：「偉大藝術家描繪的人生風景可以撼動最卑微和最自私的人，吸引大家關注自己以外的事情，或許可以稱之為道德情操的素材吧。」

但史蓋瑞沒被說服。她擔心我們對於別人生活的想像並不足夠點燃良善的火苗。這份懷疑不是奠基於實驗研究，而是取自日常生活的經驗和直覺。她點破一件事：就算我們想像親朋好友的體驗，也絕對不會和自己切身之痛有同樣強度。

而想像數量更大且陌生的對象，譬如（她的舉例）德國境內的土耳其人、美國境內的非法移民、死於轟炸的伊拉克士兵與平民之類，根本不可能。

這段論述又回到我在本書中反覆提起的指責：同理心對數字無感，而且存在偏見。得知我自己的小孩受了點輕傷，遠比聽聞成千上萬陌生人死亡還來得衝擊。就父親的角度這種態度或許沒關係，這一點下章末會有討論；然而對決策者，或者作為我們對待陌生人的道德指引，就顯得不甚高尚。

常見的一種回應是人類應該更努力去感同身受。針對特定情境這句話或許很有道理，像是明明有人受苦我卻視而不見，甚至我就是那個罪魁禍首。但如果情境牽涉到很多人又是陌生人，這個建議並不好。人類的心理結構天生傾向善待自己關愛的對象而不是陌生人，同時也不會因為受苦的人從一個變成一百萬個就複製了一百萬倍的苦。用於評估道德行為時，我們的原始情感不是很好的度量衡。

史蓋瑞提出的變通辦法和我的意見相似。她觀察到倚靠同理心行事的人通常專注於個體，目標更看重對方的生活，也就是對方的悲喜和體驗都要與自己的同等重要。乍聽十分崇高，但這並非人性，比如美國富人無法真正做到對非洲飢童視如己出。更何況，沒人能預測這麼做會不會造成全球暖化或引發戰爭之類後果，因為這些問題是整體的抽象概念，無關乎個別的個人。

她建議我們反其道而行，不要試圖將別人提升到與親友同等的地位，也別想著賦予他們更多權重。試試看讓自己變輕，藉由降低自己的重要性來達成所有人處在相同水平。把自己、心愛的人和陌生人都放在一起。

伯特蘭．羅素（Bertrand Russell）早就提出類似想法。他說在看報紙的時候，我們該試試替換國名，包括自己的國家在內，然後感受一下差別。例如「以色列」換成「玻利維亞」，「美國」換成「阿根廷」（說不定代換為抽象符號甲乙丙之類的，效果更好），藉此避免受到偏見影響。史蓋瑞說：「無知之幕★增進平等的辦法並非賦予億萬人等同於自身的地位，這麼做太辛苦了不會成功。更有效率的策略是暫且放下自己已有的一切條件。」[29]

史蓋瑞的方法其實就是「去個人化」（depersonalization），不是提升所有人地位，而是全部降低。我承認這聽起來似乎很冷酷、不崇高，就像笑匠路易（Louis CK）建議大家怎麼擁有理想身材：「很簡單，把理想改成很糟的身材就好啦。如果你想要的就是很醜很噁的爛身材，那馬上就會成功。」[30]既然我們沒辦法對每個人做到同樣程度的同理，或許逆向操作反而是最佳解。

★譯按：The veil of ignorance，是一種判斷道德問題的方法或思想實驗，受試者需假設自己回歸原初狀態，無法決定自身能力、地位、出身等等條件。由於這樣的設定，多數人傾向從該想像社會中最弱勢階層的角度來設計政策和制度（因為自己有可能成為那群人）。

許多睿智的政策已經將這種去個人化概念當作核心。譬如徵才與頒獎這種場合，為了確保結果公正不偏，我們採取的手段並非給予全部人選同等的「想像重量」，強迫自己欣賞各種不同特質，反倒是將人選全變成了甲乙丙這種代號，遴選過程也設計為匿名審查、不露臉面試等等。種種制度不外乎避免評判者有意無意受到偏見左右，可能的因素包括性別、種族、外表，也包含任何不在評分項目內的條件。另一種方式是配額，要求組織必須具有多元性，每個群體都要有足夠人數作為代表。上述兩者出發點不同，理念相互衝突，但都是為了去個人化、排除根植人性的偏好和偏見。

想像你自己是某個大獎的評委會一員，這次有個入選者是你的女兒。你會將這樣的情感擴及其他入圍者，公平公正對待所有人嗎？很難。所以有所謂利益迴避的慣例，就交給其他評審去決定，對他們來說你女兒是陌生人，與其他人選立足點相同。

追求公平公正的真實意義有時會遭到誤解。之前我在一篇文章中支持類似主張，巴隆．柯恩提出回應討論時表示，他覺得人類若不靠同理心做決定，那樣的世界將前途黯淡。「我們做決定時不運用同理心就有可能重蹈納粹的覆轍，當年『最終解決方案』★也是純粹的理性產物：列車自歐洲各地載運猶太人，將他們送進集中營，精心設計的系統包括毒氣室和人肉烤爐。從納粹的角度，目的就是要摧毀所謂不純淨的人種，一切非常合理。問題就出在他們對猶太裔受害者毫無同理心。」[31]

柯恩更進一步形容他眼中的成本效益決策模式是什麼。「或者想像一下，納粹也可能決定以安樂死處理掉全部有學習障礙的人，從成本效益考量的話邏輯無懈可擊：安樂死可移除人口中『有病的』基因，而且省下很多經費，畢竟學習障礙是一輩子的問題，這些人會成為社會的負擔。如果這種法案能夠通過，如果立法者認為這麼做符合道德，原因就是他們對學習障礙者缺乏同理心。」

在柯恩的思考裡，成本效益一詞僅有財務層次的意義，所以他推論在理性觀點下，納粹對學習障礙者實施安樂死就是撙節政府開支，邏輯上「無懈可擊」。這種成本效益計算法確實駭人聽聞，但不符合我的主張（就我所知也沒有任

★ 譯按：the Final Solution，指納粹對猶太人實行系統化的種族滅絕。

何人這樣主張）。相反的，為了替代同理心，我提出的方案包含對他人的憐憫胸懷，任何基於理性的決策過程都必須將人性的苦樂和榮辱納入考慮。換言之，套用柯恩的例子，全面撲殺學習障礙者這件事經過分析後反而是成本太過巨大，絕對無法接受。

蔑視理性思考的人除了柯恩還有很多。但我立場相反，有些話即便不順耳也想寫出來。說不定這會變成整本書裡爭議最大的一段。

我想要讚美經濟學家。

對我來說這並不容易，作為大學教授我可以肯定地告訴各位：經濟學家就算在大學內也未必受歡迎。他們收入高得離譜，總是一身名貴行頭，卻還拿經濟不景氣這種事嚇唬我們。然而冷冰冰的經濟理論有時彷彿來自天國，秉持專業精神的經濟學家不像普羅大眾容易被偏見牽著鼻子走。

譬如多數經濟學家嚮往自由貿易帶來的好處，很大一部分原因是本國生活水準與外國生活水準在他們眼裡不能劃分，但政治人物或一般公民可不這樣想。倘若哪個美國總統表態說墨西哥人也是人、和美國人一樣重要，呼籲社會放棄保護國內就業市場，他的總統大位恐怕坐不了太久。但經濟學家不同，認為本國外國之分對世界整體而言有害無益。

再想想為什麼經濟學有時被戲稱為「悲觀科學」（dismal science）。[32] 相對於音樂和詩詞是「快樂科學」（gay science），十九世紀時湯瑪斯・卡萊爾（Thomas Carlyle）以此調侃經濟學：「我得說這不像大家聽過的其他那些『快樂科學』。不是。它沉悶、荒蕪、淒涼、哀傷，所以我們應該特別尊稱它為悲觀科學。」[33] 卡萊爾這番話其實有跡可循，真正目的是諷刺經濟學家竟然反對某個心靈和情感的自然產物，而他本人激動得要加以捍衛。

遭到經濟學家負面看待的是什麼？奴隸制度。卡萊爾生氣的原因是經濟學家反對奴隸制度。他主張在西印度群島引進奴隸制度，但遭到經濟學家反對。下次想要貶低經濟學者與他們對人類事務的淡漠態度，抑或聽到有人將熱烈情感視為善、冰冷理性視為惡，請先回想一下這段歷史。現實世界中，真相常常相反。

# 插曲

# 同理心政治

我感受到你們的痛苦了。——Bill Clinton

每當我表達反對同理心的意見，時常會有人質疑我的政治傾向。我是不是想擴大保守勢力？是不是故意針對自由派和進步派？

會這麼問也是理所當然，因為很多人將同理心連結到自由派、左派、進步主義這些思想集合。至少在美國，上述群體表達支持同志婚姻、加強槍枝管制、墮胎合法化、開放國界和國民健保之類政策，一般認為他們特別具有同理心。

聲稱自由主義者比保守人士更有同理心傳遞出兩層弦外之音。首先可能是針對政治思想本身。喬治・萊考夫熱心支持自由思想，所陳述的觀點強而有力：「每個進步的政策背後價值觀都一樣，就是同理心。」[1]另一個可能是針對個別的自由人士與保守人士，認為同理心強的人比較認同自由派觀點而非保守派觀點，或者說接納自由派意見會提高同理心、接納保守派意見則否。

針對立場或針對個體這兩種觀點在邏輯上截然不同。舉例而言，有可能自由主義者確實比較具同理心，可是自由主義這套哲學本身並不特別與同理心連結。不過兩種觀點又顯然有所交集，較具同理心的人選擇較符合同理心思路的政治理念，較不具同理心的人傾向較不符合同理心思考的政治哲學，看起來再自然與合理不過。

無論如何，假設自由派的政策確實以同理心為基礎，而我說同理心不適合作為道德指標，那麼這本書就成了對左派的攻訐，於是我的立場變得更加微妙。

但我並不如此以為。事實上同理心和政治的確有關，模式也符合社會預期，不過這個關聯並沒有大家以為的那樣深。也有保守立場以同理心為根基、自由派主張卻違背同理心的情況，反對同理心不等於強迫任何人對槍械管制、稅制、健保等等議題採取特定態度，不等於鼓勵選民投票給特定候選人，也不等於要求所有人按照同一套政治哲學來思辨。

簡言之，我反對同理心和政黨或任何勢力無關。以正面表述就是，任何政治立場的人，無論自由派、保守派、自由意志（放任自由）主義、堅定左和堅定右等等，所有人都可以手牽手一起抑制同理心。

## 你是自由派，還是保守派？

進入主題之前必須先思考究竟何謂自由主義者、進步主義者、左派，又何謂保守主義者與右派。詞彙定義會隨時間改變，政治語言本身常常引發激烈辯論，有些政治光譜上很左的人卻十分厭惡所謂「自由派」、「自由主義」，以及絕大多數「新自由主義」；也有許多看似出自「保守主義」的想法分析起來卻一點也不保守，反而相當激進，像是廢除政府長期以來實施的方案。自由意志主義者（Libertarian）崇尚自由市場、排斥某些社會福利制度，因而不被現代政治圈歸在自由主義內，但他們覺得自己才是真正的自由派，捍衛著自由主義創始人如約翰．洛克（John Locke）和約翰．史都華．彌爾的政策思維。

名詞定義是個龐雜繁複的主題，我不打算深入探究。下面討論也使用左派／自由派／進步派或者右派／保守派這些名詞，詞彙意義來自非學術界的歐美社會語言慣例。大家覺得自由派比保守派更具同理心，提及自由派時通常聯想到保護性別和種族弱勢、擔憂槍枝氾濫、支持墮胎合法化、大學學生多元化、全民健康照護等等，我援用日常生活的言談脈絡方便理解。

另外補充一點：至少在美國，社會大眾處理政治態度並不草率。自由派和保守派的區隔之所以存在，是因為就結果論來看這種模式為百家爭鳴有效地做出分門別類，但這條界線沒有那麼絕對，個別政治主張仍舊彼此獨立。比方說是否贊同槍械管控未必與是否贊同同性婚姻相應，就像一個人喜歡吃什麼口味的披薩與喜不喜歡《不可能的任務》系列電影沒有多大關係。然而已有無數關於政治傾向的研究調查過民眾自認是自由派抑或保守派，結果發現看似粗糙的二分法確實足以預測受訪者對於個別議題的態度，例如有個研究問了下面五個議題：[2]

一、加強槍械管制

二、全民健康照護

三、針對收入屬最高級距者提高所得稅率

四、扶助弱勢族群

五、加強碳排放規範以減緩全球暖化

歐美背景的讀者應該很容易猜測到自由派會如何回答、保守派又如何回答，而且這個猜測符合調查結果。此外，這些觀點確實彼此相依，贊同其一的人多半贊同其他，反對其一的人也多半反對其他，而贊成與不贊成的整體趨勢又合乎受訪者自詡的左與右、自由（進步）與保守定位。也就是說如果想要瞭解別人的觀點，「你是自由派還是保守派」是個有效的問句。

確實也有人認為左右之分這種政治光譜是個舉世皆然的現象。[3]彌爾說政治系統自然會有「追求秩序穩定的一派和追求進步改革的一派」，拉爾夫·沃爾多・愛默生（Ralph Waldo Emerson）也在著作中提到：「國家分為保守的一邊與創新的一邊，這種區別存在已久，自古以來爭奪主導權。」他的結論是這種「無法化解的衝突在人性中必定有深刻意義」。

這個衝突在社會議題上尤為明顯。一派學者指出我們的政治天性最明確表現在與「生殖、外團體★、如何懲罰內團體的犯錯者、傳統或創新生活模式有關的議題」上。[4]與自身距離較遠的議題如自由貿易或金融規範鬆綁之類就不容易預測，與個人整體政治傾向的相關度也較低。

毫不意外，美國人的政治傾向吻合兩黨制，自認自由派的人多半支持民主黨，自認保守派的則支持共和黨。[5]不過這個對應關係不是百分之百，換算起來相關度只有零點五到零點六（亦即低於百分之六十）。

之所以不會百分之百是因為支持什麼政黨並不單純受到意識形態影響，尤其是地方層級的主要議題並非性別平權或墮胎，而是雪災、財產稅等等。再者，兩大黨本身表現出來的意識形態不會一成不變。二〇一二年美國總統選舉中，共和黨黨內的主要競逐者之一是瑞克・桑托榮（Rick Santorum），他的政見除了性純淨這種宗教介入大眾生活的概念，也有合乎保守派世界觀的強化軍備。但他的

★ 譯按：內團體是成員有歸屬感、關係緊密並具共同利益的群體（「小圈圈」或「自己人」）。外團體則是相對於內團體的其他群體。

對手榮・保羅（Ron Paul）卻是自由意志主義者，追求人民日常生活的自由最大化，外交政策上也比較溫和。

## 差距並不極端，但已經足夠

那麼自由派究竟是否較具同理心？看起來是。歐巴馬是美國歷史上提及同理心最多次的總統，出身民主黨應當不令人意外。同黨前輩比爾・柯林頓對人民的名言也是：「我感受到你們的痛苦了。」很多知名的民主黨人士將同理心掛在嘴邊，埃里克・加納（Eric Garner）遭紐約市警察勒斃後，希拉蕊・柯林頓便呼籲警方改進執法手段。她說：「最重要的是我們每個人都該更努力學著從鄰人眼中看世界……設身處地為他們著想，理解他們的痛苦、希望和夢想。」[6]

許多人認為這番話足以反映出自由派世界觀的主軸——所有政策都應該以增進同理心為依歸。心理學家針對政治和同理心做了一份分析，其中提到：「公民認同他人的苦難時，就會想要消弭眼前所見的不好境況，進入政治領域通常轉換為呼籲政府以公權力協助受難者。我們據此推論『心腸軟』的人較支持自由派政策，希望藉此解決概念上的他者遭遇的困頓。」[7]

既然兩黨之一提出我們應該幫助有需要的人，作法是解除移民限制、提高基本工資之類，那麼與反對派相比，屬於該群體的人理論上確實帶有更強烈的同理動機。另一邊的說詞就不同了，二〇一二年歐巴馬的競選對手是共和黨的米特・羅姆尼（Mitt Romney），他有句話不斷遭人揶揄：「我喜歡能夠開除為我提供服務的人。」★[8]其實羅姆尼想表達的是自己支持何種經濟體制，他認為那樣的制度最後會增進所有人的福祉，但聽起來缺乏同理心得令人發噱。

自由派多數人主張說自己關心他人，而保守派則冷酷無情、喜歡嚴刑峻法。自由派強調要提高基本工資，因為他們關心窮人，保守派則否。自由派主張加強槍械管控，因為他們擔憂有人死於非命，保守派則否。自由派贊成合法墮胎，因為他們致力女權，而保守派卻想限制女性權利。喬治・萊考夫曾經分析反墮胎者的立場：保守人士將社會整體視為一個傳統的專制家庭，所以提到墮胎時，「光是想到女人可以做這種決定——為生育、為身體、為傳宗接代做決定——就對嚴謹的父權道德觀產生衝突和威脅。」[9]

保守派在死敵眼中是這種形象，而他們也認同自己比較不具同理心。在保守

★編按：原文為 I like being able to fire people who provide services to me.

派眼裡，自由派是一群情緒化的傻瓜，「心腸軟」、「抱樹人」★對他們來說可不是什麼讚美。他們的口頭禪據說出自溫斯頓．邱吉爾：「二十歲不是自由派的人沒心肝，四十歲不是保守派的人沒腦袋。」保守人士認為無關乎同理心的許多道德觀念也很重要，他們強調傳統，包括宗教信仰，也注重個人的權利與自由。

同時保守人士通常對人性本善這件事有所質疑，特別不相信一般人會願意照顧不是家人朋友的對象，也擔憂國家機構不可靠且易貪腐。自由派認為政府提供福利可以改善社會民生，如全面健康照護和啟蒙方案（Head Start）之類的早期教育措施都包括在內，但保守派覺得這些計畫一定會走偏。[10]

強納森．海特對自由保守的光譜提出另一番見解：人類有一套複合式的道德基礎，其中元素包括關懷、公正、忠誠、權威、神聖性。[11]這些元素有其普世性，但也容許一定程度的變化。海特與其團隊經過研究，認為自由派人士強調關懷和公正高於其他幾項元素，保守派則對各項的關注較為平均。他認為保守派比較重視大家是否尊重國旗（忠誠）、孩童聽父母的話（權威）、貞操（神聖性），在此觀點下保守派相對於自由派仍有更多非同理心的動機。

最後還有針對自由派和保守派的實際心態的研究。其中一次採網路調查，受

★ 譯按：tree-hugger，譬喻願意用肉身抱緊樹木避免濫砍濫伐的環保人士。

試者約七千人，他們除了回答自己的政治傾向之外也接受兩種標準同理心測量，分別是戴維斯的「同理心量表」和巴隆．柯恩的「同理商數」。[12]前面我已經對這兩種量表提出評判，主要質疑在於它們測量的標的除了同理心還牽涉別的心理特質，以及受到自陳和自我認知的影響（測驗的結果都是自己以為自己是什麼樣的人，和自己實際上的樣子未必相符）。但不可否認，兩種測驗的成績或許都能間接反映同理心，而結果也符合大家期待：自詡為自由派的人在兩種量表所得到的同理心分數顯著高於自詡保守派的人。差距並不極端，但已經足夠。

如果說自由派的主張較吸引高同理心者，那麼女性傾向自由派的比例較高就很合理，因為統計上女性的同理心高於男性。[13]一項研究調查同理心、性別、政治傾向的相關度，作者群的結論是如果兩性的同理心程度相等，政治態度的性別差距就幾近消失。[14]

綜合上述可知自由派觀點比保守派更具同理心確有所本，不過政治意識形態和同理心之間的關聯沒有乍看之下那麼強烈。

首先，刻板印象有很多例外。一些知名的自由派政治人物在大眾眼中，抑或他們選擇呈現的形象，更接近理性技術官僚和審慎解決問題的角色，邁克爾．杜卡基斯及艾爾・高爾都是這種路線。更為常見的則是保守派政治人物也能突顯自己以同理心對待他人，雷根總統正是如此。

更重要的則是直接將自由派政策和同理心劃上等號太過粗糙。試想：許多看似自由主義的政策也得到自由意志主義者背書，但在以往討論的標準底下自由意志主義者被歸為最沒同理心的族群。[15]自由主義和自由意志主義在某些議題上同一陣線，像是同性婚姻、特定藥物（毒品）合法化、警察軍事化等等。倘若這些政策的基礎是同理心，思考模式最反同理心而行的人卻也認可實在令人費解。

某些保守政策的著眼點同樣是針對特定對象的同理關懷，只是同理對象和自由派人士不同。自由派同理的是難民，所以主張開放國界；保守派同理的是美國人，為了保障同胞的就業機會所以反對。自由派認為少數族群遭到警察虐待和威脅，十分同理他們的處境；保守派同理的對象則是警察和做小生意的人，因為每次對警方發動示威抗議就有商家在暴動中受害。

政治辯論中，立場衝突通常是因為關注焦點不同。也就是說大眾雖然選邊站，但分歧點並非應不應該同理，而是應該同理誰。

再看看槍枝管制。自由派的討論焦點放在被槍枝攻擊的受害者，保守派則關注本來能持槍自衛的人往後將無力對抗別人的暴行。有智慧的政治人物看得出這是一體兩面，譬如歐巴馬前往愛荷華州造勢，到丹佛警察學院演講時，便提到妻子蜜雪兒告訴他：「其實如果我住在愛荷華州的農莊，大概也會希望能夠擁槍。[16]要是有人忽然開車闖進我的土地，我來不及躲進屋子裡，也不知道對方究竟是誰，而誰知道警察什麼時候能趕到呢？這種時候誰都希望有把槍在手上保護自己。」

一如既往，就同理對象不同的問題，歐巴馬提出的解決方式是要大家再多用些同理心。他建議我們「設身處地為別人著想」，有些人認為槍枝是狩獵或競技的工具，但也有因為槍械暴力而失去孩子的母親，雙方該彼此體諒。

還有別的例子，像是CIA和美國軍隊的逼供手段。乍看之下同理心選擇哪一邊很明顯，當然是盡力避免任何人遭到刑求。但這麼想你就太單純了。二〇一四年關於美軍刑求的調查報告出爐，前副總統迪克・錢尼（Dick Cheney）被問到如何為美國這方面的負面紀錄辯護。可能有人以為他會訴求抽象的安全議題，事實上他給了這樣一個例子：「九一一事件時，有個美國公民在世貿大樓裡打手機給四個年幼的女兒留下遺言，沒多久就被燒死了。」[17]這是訴諸同理心的論述，透過一個可辨識的個體來解釋為什麼社會應該接受刑求。

其餘還有表意自由的問題。自由派認為不該有種族和性別歧視的言論，保守派則認為不該有貶低傳統價值的言論，但雙方基於不同理由都反對性的公然展現，於是時常聯手打擊色情市場，也都會抗議某些名人的荒謬行徑（當然兩邊抗議的對象不一樣）。如果覺得誰在媒體上發表了不當言論，自由派和保守派同樣會要求對方辭職下台、接受公評，或至少必須發出道歉啟事。

這些現象值得我們深思同理心究竟在政治生活中扮演什麼角色。我並不是要說上述考量有何謬誤，即便最堅定捍衛言論自由的人也會同意必須設限，比如多數人不接受小學老師教授納粹思想，也不樂見有人當街吼叫種族歧視的字眼，有時媒體報導的東西遭到撻伐是咎由自取。麻煩的是同理心永遠站在言論審查那邊，因為遭到言論羞辱的感受很容易懂，尤其若當事人隸屬自己的群體、與自己同樣處境時更明顯。要心靈受創的人忍氣吞聲，聽起來確實異常冷血。

支持言論自由的立場相對來說和同理心沒什麼關係。有許多論述指出為什麼禁止言論這件事必須高度謹慎，其中一些是結果論（無論好壞，任何意見都得到表達，最後世界將會進步），一些則基於表意屬於人類至高無上的自由權。此外也有一種將個人利益轉換為文明形式的互惠觀點：你有權說你想說的，所以我也有權說我想說的。無論如何，這些理由都不特別有同理心，合理的公共政策本應該建立在更普遍也更不帶偏見的出發點上。

同理心在司法領域也呈現不具特定黨派的樣貌。包括歐巴馬在內，許多自由派人士主張法官要有同理心，但保守派則不以為然，認為這種訴求等於要求司法體系偏袒自由主義。然而如同湯瑪士・寇畢在一場深度討論中指出：若以最高法院大法官為準，保守派和自由派同樣注重同理心。[18]也就是說，雖然大法官如約翰・羅勃茲（John Roberts）曾經形容他們的工作很像裁判在判定好球與壞球，過程非常機械化，但即便其中最保守的人也會默認同理心在審判中的重要性。

有時候甚至不是默認了。克拉倫斯・湯瑪斯（Clarence Thomas）在任命聽證會上直接表示自己成為大法官的條件是「能夠體會受到法庭判決影響的人是什麼感受」，塞繆爾・阿利托（Samuel Alito）也在聽證會說過：「遇上有關歧視的案件，我會思考自己家裡因為種族、宗教、性別而遭到歧視的人，將那種處境納入考量。」

有些情況下，保守派法官的裁決明顯是同理心作用的結果。寇畢舉了一個例子是有人想要在威斯特布路浸信會（Westboro Baptist Church）的警方葬禮上進行抗議，並聲稱自己受到言論自由的保障。當時阿利托大法官認為往生者家屬處於「情緒最脆弱的階段」，會因此受到「嚴重且持續性的情緒創傷」，但其他法官一致表示縱使抗議行動極不得體也受法律保障。寇畢質疑阿利托因為同理心而做出牴觸法學原則的結論。

前述例證顯示保守派與自由派同樣依循同理心。接著我們來看看部分自由派思想其實與同理心相互扞格。

最能證明這一點的議題是氣候變遷。比起保守派，進步主義者對氣候變遷的關注高出許多。針對這件事，同理心思維應該是按兵不動，因為一旦採取大動作就代表燃料漲價、企業倒閉、稅金暴增等等結果，大量我們現在看得到、能同理的民眾將無法承受制度巨變。或許不可見的未來有數百萬、甚至數十億人會因為當前國際社會不積極行動而承受苦果，但那只是模糊抽象的統計數字。因此自由派的大聲疾呼背後，邏輯並非同理心。

在這個事件上根本不存在同理對象，所以主張自由派的政策基於同理心、保守派的政策不基於同理心的這種說法無法成立。從現實來看，同理心在政治領域發揮作用時是訴求此時此地的人，可以呼應自由派主張、也可以呼應保守派主張。在槍械管制的問題上，同理心在雙方都能成立。但其他議題，如言論自由和氣候變遷，同理心在其中一側趨於沉默。

當然在意此時此地的人事物並非不對，知道自己能減少世上的一些苦痛確實是該有所行動，有時候太介意長遠未來只是合理化淡漠和自私心態。不過把政治建立在同理心上的代價非常巨大，有人將政府失靈的問題歸因於民主制度的先天缺陷（迎合眼前的選民）以及金錢的誘惑，其實也該檢視同理心這個因素。因為同理心，舉國上下關切卡在井裡的女孩而非氣候變遷。因為同理心，世上有了蠻橫的法律、甚至可怕的戰爭。我們在乎少數人受苦，卻造成更多人的悲慘命運。

比起單單依憑同理心，以理智輔佐、甚至壓抑同理心，對道德義務與可能結果進行深入分析，更適宜作為規畫未來的指引。這個論點與政治傾向無關，只是就事論事。

第四章

# 人際關係與同理心

天地賦予每個人哀愁的時候似乎覺得夠多了，所以不逼迫我們一定要分享太多別人的苦，分量足夠敦促我們幫忙解決就好。——Adam Smith

我們在交往對象身上尋求什麼？一群心理學家訪問了來自數十種不同文化背景的數千人，試圖瞭解人類希望在伴侶身上看見何種特質。[1]他們對性別差異也很感興趣，所以將年輕、貞操、權位、財富、容貌這些元素也納入考慮，也就是那些與演化心理學相關的特質。有些性別差異如大家所料（男性在意年紀，女性在意地位），而評論者則提出疑問：這些差異究竟是生理因素，還是文化風俗造成？

不過相關討論多半忽略一點。無論男女，擇偶時的首要條件並非年紀、外形、財產，而是**善良**。

對很多人來說善良就是同理心。就我所知，尚未有人研究同理心在擇偶中的重要性，但我猜想一定不低。想要愛情但本身不夠有同理心，我會建議別自曝其短，至少初次約會千萬別提。常識思考就能得證同理心在各種關係中是越多越好，不只家人朋友，醫療諮商、教育訓練等等都一樣。

有個背景因素是同理心三個字對很多人來說代表一切道德上的正面意義，如憐憫、溫暖、理解、關懷之類。且讓我們先從我提及的狹義範圍來思考，也就是本書的討論主軸：感受別人的感受。即使從這個角度來看，我相信還是有許多人認為同理心可以使一個人成為更棒的伴侶或朋友。這麼想有錯嗎？

截至目前為止，我反對同理心主要基於政策面。人際關係則是完全不同的層次，我也尚未找到理由去質疑人際中的同理心。

或許不需要理由。同理心在政策領域造成問題是因為其本質與偏見同在，但在個人生活中這不構成困擾，甚至可謂優勢。亞當．斯密說過克制激情有其道德意義，同時人類應理解「我們不過是群體中的一份子，並不優於其他人」。[2] 儘管他這番話看來能夠促進道德決策的公正性，我卻不希望被兒子、妻子或朋友僅僅看作「群體中的一份子」！相信多數人都希望在自己所愛和愛著自己的人眼中有獨特地位，就此而言，同理心的聚光燈性質似乎提供很好的保障。

另一方面，人類演化出同理心或許促進了一對一的關係，包括父母和孩子之間。唯有在非原始設計的情境裡同理心才不管用；也就是說在複雜的社會情境下，我們必須評估自己的行為在一個充滿陌生人的世界裡會造成什麼樣的結果。而親密關係是同理心的功能所在，它本來就該發揮最大作用。

針對同理心發表第一篇文章時我就特別提出：「同理心真正重要的場域是人際關係。沒有人想要活得像湯瑪斯．葛萊恩一樣；他是狄更斯諷刺筆調下的效益主義者，以商業態度對應所有人際，連親生孩子也不例外。同理心是人之所以為人的要素，也是探討道德時我們之所以是主體也是客體的理由。同理心只有在作為道德標準時才會出錯。」[3]

本來編輯考量版面空間想刪除這幾句話，但我堅持留下，原因是不希望讀者誤以為同理心在我眼裡一無是處。如此極端、甚至可說詭異的論點，當時的我也不想沾上邊。

不過現在我不那麼肯定了。仔細檢視同理心才發現背後狀況十分複雜，但首先很重要的一點是區分同理心和理解有所不同。不可否認，生活中有人理解我們是好事。再來更重要的是區別同理心和同情、溫暖、善良。想當然耳每個人都希望獲得關懷。

然而如果將焦點放在亞當·斯密定義下的同理心，也就是感受別人的快樂痛苦，從別人的角度來體驗世界，它是否還那麼崇高？

主流說法認為這種心理能力有其必要，但實證結果無法肯定。我個人想法是同理心在人際關係中的某些面向能加分，不過整體結論還是回到本書基調：同理心的負面效果大過於正面。

## 絕對共存程度的高低

捍衛同理心的人很多，巴隆．柯恩是其中思考特別縝密的一位。先前已經提過他對決策者欠缺同理心深感憂慮，而他認為在人際關係中高同理心也有許多優點。

巴隆．柯恩看似有所本地假設每個人同理心的程度不同，並提出同理心的鐘形曲線：最低等級為零，也就是毫無同理心，少數心理變態或自戀者落在這一區；最高等級六，六級的人「時時刻刻惦記著別人的感受……持續呈現心理上的過度警醒（hyperarousal），無法將他人擺到心思外」。

目前對於第六級的人沒有明確稱呼，也不像零級的人受到學術關注。由於沒有資料，巴隆．柯恩便以文字敘述了等級六：

> 漢娜是個心理治療師，有感知別人感受的天賦。任何人走進她的客廳，她會立刻注意對方的臉部表情、步伐、姿勢。她的第一句問候總是：「今天覺得如何？」這不是客套，你還沒脫下外套，她的聲調便足以讓你吐露心聲、分享心

情。縱使你只回答短短一句，她還是可以經由語氣探知你的情緒，並立刻能夠回應：「你聽起來好像有點難過，發生什麼事了？」

還來不及意識到，你已經對這位絕佳的聆聽者敞開心胸。她偶爾打斷，只是為了給予關切和撫慰、附和你的感受，以溫柔話語鼓勵你，讓你充滿價值感。漢娜這麼做不單因為自己的職業，她對案主、對朋友、對剛認識的人都一樣。所有人都能感受到她的關心，與她相互打氣扶持。她時時刻刻同理每個人。4

不難理解巴隆・柯恩對同理心為何懷抱美好想望，他的描述確實動人，連我也常盼望身邊有一位漢娜。

可惜仔細研究漢娜這樣的人反而會讓我們質疑起同理心。其實巴隆・柯恩也特別提醒過，他在一處註腳指出研究發現高同理心可能造成的風險——只是他不覺得那些問題會發生在漢娜身上。

真的嗎？首先來想想漢娜這種人究竟過著什麼樣的生活。巴隆・柯恩說漢娜之所以關心別人不單出於喜愛或尊敬，也並非遵循憐憫、仁慈之類的價值準則，而是因為她的同理心過度警醒，根本無法停止。極度自私者一輩子漠視旁人而只在乎自身苦樂，以比例來說自己占了百分之九十九，只留下百分之一給別人。漢娜則相反，她的腦袋被自身以外的體驗填滿，百分之九十九給了他人，只留下百分之一給自己。

這種心理狀態有其代價。巴隆．柯恩的虛構案例是女性並非巧合。在一系列實證和理論兼顧的文章中，薇琪．海格森（Vicki Helgeson）與海蒂．弗里茲（Heidi Fritz）探討兩性在一種人格傾向上的差距，她們將其稱為「絕對共存」（unmitigated communion），[5]定義是「過度在乎他人，並將他人需求置於自身需求之上」。為了測量絕對共存的程度，兩人開發了具有九個選項的簡單量表，接受測驗時從「強烈反對」到「強烈同意」之間選擇最符合自己的描述。部分內容如下：

「我要快樂的話，就得別人先快樂。」

「若有人請我幫忙，我無法拒絕。」

「我常擔心別人的問題。」

女性得到的分數通常比男性高，我相信漢娜來做的話更是不得了，可是共存程度太高會產生很多負面影響。

一項研究發現分數高的人面對配偶有心臟疾病時會表現得過度保護，而且不分性別。根據受訪者的陳述，這樣的關係並不對等，他們對另一半照顧較多，卻不大在乎自己，甚至接受對方支持時反而顯得不自在。其他研究則顯示一旦絕對共存程度較高的人聽說別人遭遇難題，即便過了幾天以後依舊感到低落，無法從中抽離。

以大學生或年紀更長的成人為對象進行調查，進一步發現絕對共存會反映為「過度照護、干涉與自我犧牲」的行為，而且連結到別人不喜歡自己、對自己評價不高的想法，若別人不接受自己幫助和建議便會產生負面感受。[6] 在實驗室的情境內，絕對共存程度較高的受試者得知朋友尋求別人而非自己幫助，竟然比朋友完全沒得到幫助時更不開心。

絕對共存過於強烈會導致生理和心理的調適困難，和心臟病、糖尿病、癌症的發生都有正相關，可能的原因是專注在別人身上所以疏於照顧自己。

海格森和弗里茲懷疑兩性的絕對共存程度差異可以解釋為何女性更容易罹患焦慮症和憂鬱症。這個推論呼應芭芭拉．奧克利（Barbara Oakley）的觀點，她在探討病態利他這個主題的書中指出：「令人訝異的是許多女性常見疾病或症狀似乎與女性普遍同理心強烈、太關注別人有關。」[7]

既然以「絕對共存」稱之，自然也有人認為問題可能不在於「共存」而是「絕對」。這方面的研究始於大衛・巴坎（David Bakan），他探討人性的兩個主要面向，名為主宰（agency）和共存（communion）。[8]主宰是強調自我、分離，典型的男性特質；共存則強調與他人連結，通常屬於女性。[9]兩者皆有價值，也都是完整心理不可或缺的元素。

我們來看看共存，先瞭解它好的形式。共存是可以測量的（心理學家就是喜歡量表），同樣是給分的方式，題目包括：

——助人

——察知別人感受

——體貼

——理解他人

一如所料，這些項目與很多正面的現象有關，包括身體健康。

那麼高共存（好的共存）和高絕對共存（不好的共存）差異何在？兩種類型的人都在意旁人，但一般的共存性格呼應我們所謂的關懷和憐憫，絕對共存則與同理心呈正比，更精確地說是同理苦楚（empathic distress）——因別人的痛苦而痛苦。

我並不認為絕對共存高就一定等於同理心高，但兩者在人際互動中造成同樣的障礙，過度的個人苦痛會妨礙生活。

回到巴隆．柯恩的例子，虛構人物漢娜的問題不在她關心別人。關心別人是好事，關心別人在一定程度之內明顯是我們認同的道德標準，而且無私行為與各種身心的正向轉變有關，對短期的心情和長期的幸福感都有所裨益。想要快樂，助人是個好辦法。[10]

可惜漢娜關心別人的方式導致她自己不好過。就描述來看，她是絕對共存過高的人格，上述研究說明了這種特質長期而言對人有害。

## 少點同理，多些慈愛

這樣的發現將討論帶往新方向。之前幾章我主要的論點在於同理心由於聚光燈性質、受偏見左右、對數字無感等等特質而不是好的道德指標，現在我想更進一步指出同理心可能會造成身心損害。

或許很多人以前沒有聽說過絕對共存這個名詞，不過感受太多別人的痛苦應當不是陌生概念。一九七〇年代歐美社會以「耗竭」（burnout）稱之，而且不是歷史首次，相關資料其實很多，其中令我訝異的是佛學也解釋過這種心理現象。

最初點醒我的是馬修・李卡德（Matthieu Ricard）。他身為佛教僧侶也精通神經科學，許多人稱他是「地球上最快樂的人」。相遇是緣分，我們在同場研討會擔任講者，前往倫敦郊區旅館入住時碰了面。一到櫃檯我就認出他（橘色袍子加上一臉喜樂笑意，想沒看見也難），我上前自我介紹，後來相約喝茶談天。

會面過程十分有趣。李卡德的確渾身散發寧靜氣息，他說自己每年都有好幾個月的時間完全獨處，並沉浸於那份喜悅。（與他聊過之後我也開始練習冥想，只是還不夠穩定。）聊了一陣子以後他客氣詢問我最近的計畫，當下我尷尬極了，對這樣一位大師提起自己寫書反對同理心，彷彿當著猶太教拉比的面鼓勵大家吃甲殼類動物。但我硬著頭皮講完，而他對同理心無用論的反應著實叫我吃驚。

李卡德不但不覺得我的觀點可怕，反而指出事實顯然如此，不僅吻合佛理，也與他和另一位著名神經科學家塔妮婭．辛格所做的研究結果相符。

佛教有所謂菩薩，祂們不涅槃，選擇留在生死輪迴中度化蒙昧眾生。菩薩如何生活？

查爾斯．古德曼（Charles Goodman）的著作鑽研佛教道德觀，他提到佛經中的憐憫（即「慈悲」）有兩種：「愛見悲」（亦稱「愛見大悲」）（sentimental compassion）的定義符合我們所謂同理心，而「大悲」（great compassion）則是一般概念中的悲天憫人之心。[11]經典明確指出我們應放下前者，因為愛見悲導致菩薩生出「疲厭」，大悲則保持距離、不受動搖，而能恆久綿長。

區隔同理心和憐憫正是我反覆在本書想要陳述的觀念，也得到了神經科學證據的支持。塔妮婭．辛格與奧嘉．克里梅基（Olga Klimecki）在一篇文獻回顧中描述她們發現的區別：「憐憫與同理心不同之處在於當事人不一定共享了對方的痛苦，而是對對方充滿溫暖、關懷、照顧的感受，且具有改善其狀態的強烈動機。憐憫是對目標抱持情感，而不是與目標共享情感。」[12]

透過磁振造影針對兩者的差異進行神經研究時，李卡德也成為研究樣本之一。[13]實驗者請他在接受掃描時想像受苦受難的人，以冥想催動憐憫心，結果卻出人意表。進入冥想狀態以後，李卡德的腦部與同理苦楚相關的部位根本沒有活動，但其他受試者想像別人苦痛時那些位置會有反應。李卡德的冥想體驗充滿愉悅活力，後來他形容那是：「溫暖積極的狀態，充滿正向利社會能量。」[14]

接著研究人員又請李卡德以同理心狀態再接受一次掃描。這回對應同理心的腦神經迴路啟動了，他的磁振造影結果和不懂冥想、想像別人痛苦的受試者一樣。事後他描述的體驗則是：「同理共享……對我來說很快就變得難以忍受，情緒耗竭得很快，像是被掏空一樣。經過大約一小時的同理共鳴，研究團隊又讓我以慈悲心結束掃描過程，我毫無猶豫立刻轉換狀態，因為同理共鳴之後我覺得整個人被榨乾了。」[15]

塔尼婭．辛格的另一項實驗可以作為對照。她請（不會冥想的）一般人接受訓練，練習同理或憐憫之一。[16]在同理訓練中，學員得到指示要盡力接收別人的感受。至於憐憫訓練有時候又被稱為「愛和慈悲的冥想」，課程目的是對許多想像的對象產生正面、溫暖的思維，從親近的人開始，再擴及陌生人，有時候也包括敵人。

神經掃描顯示出差異：同理訓練增加了腦部島葉和前扣帶迴皮質的反應（這

兩個部位在前面關於神經研究的章節已經提過）；而憐憫訓練則強化腦部其他部位，如大腦皮層額葉中區與腹側紋狀體。

學員表現也不一樣，同理別人受苦的組員覺得不好過，但憐憫別人的組員經過冥想練習後感覺比較自在且態度也比較溫和。

此處敘述的同理和憐憫的差異有種似曾相識的感覺。之前提到絕對共存的負面作用時，我根據種種發現推測原因出在同理苦楚的感受：面對需要幫助的人，絕對共存的人格使自己也跟著不適，造成身心負擔，提供幫助的效率也就變差了。從這個角度分析也能明白為什麼同理訓練不及憐憫訓練，塔尼婭．辛格在研究結論中以更精細的文字呈現和延伸這些見解：

> 長期經驗到同理苦楚非常可能不利於健康。此外，憐憫反應奠基於正向、為他人著想的情感，增進利社會動機和行為。考慮到同理苦楚的潛在壞處，找到具有可塑性與適應性的社會情緒令人振奮，尤其憐憫訓練不只強化利社會行為，也提高了情緒面的積極與堅韌，益於對應高壓情境。這個發現為發展具有適應性的社會情緒與社會動機開啟許多可能，特別有利助人專業或高壓環境工作者。[17]

這段話與大衛・迪斯農研究團隊得出的結論一樣。他們透過實驗發現修習過正念冥想的人（與接受其他認知技巧訓練的人相比）變得對人更和善、更願意助人。[18]迪斯農等人認為修習正念「可以影響腦神經，感受他人苦楚的網絡活性下降了，社會關聯的情感網絡卻強度提升」。他認同並引用佛教學者圖登金巴（Thupten Jinpa）的說法：「冥想訓練使人快速跳脫感同身受而來的苦，以慈悲心採取行動將其化解。」[19]

也就是少點同理，多些慈悲。

然而這些研究結果牽涉到另一個問題，也就是心理學家和神經科學家中不乏有人相信憐憫與同理兩者必然交集。針對我之前發表的文章，李奧納多・克里斯托弗・穆爾（Leonardo Christov-Moore）和馬可・亞科波尼（Marco Iacoboni）回應時都聲稱「同理心是憐憫的前導」[20]，琳・歐康納（Lynn E. O'Connor）和傑克・貝利（Jack W. Berry）則表示：「沒有情緒同理心的話就沒有憐憫，憐憫是情緒同理在認知過程的延伸。」[21]

我在本書中已經提過幾次，這種說法是否為真很難確定，因為日常生活裡太多關心別人、幫助別人的例子與情緒同理無關。小孩子因為雷雨而害怕，我或許擔心而將她抱起來哄一哄，但毫無必要先體驗她的恐懼。我想幫助吃不飽的人所以出錢出力，這和我自己是否曾經長期挨餓也沒有必然關係。前面幾項研究其實指向更強而有力的結論：憐憫和仁慈不只與同理心無關，有時還相互對立，某些情境下壓抑同理心會讓人變得更好。

## 以理解和關懷取代同理心

對同理心的負面疑慮或許為培育醫師帶來衝擊。研究發現醫學院學生的同理心有下降趨勢，這個現象造成許多人關切。[22]美國醫學院學會將同理心列為「主要學習目標」，[23]各醫學院課程也都特別強調同理心。

基本上我持贊成態度。之前已經提過，大眾時常以同理心囊括各種美德，而且醫學院內名為同理心的訓練內容是鼓勵醫師聆聽病患表達、多花時間與病患溝通、尊重病患，實在沒有理由加以反對。只有說到狹義的同理心時才會出問題。

外科醫師克莉斯汀・蒙特羅斯（Christine Montross）衡量過同理心帶來的風險：「看見傷心欲絕的母親血淋淋地形容她兒子躺在太平間的模樣，還要想像躺在那裡的遺體是自己兒子，我怎麼有辦法繼續做事。照顧病人的精神需求是一回事，但必須與我自己內心的巨大悲傷脫鉤。同樣的，換作我受重傷被送到急診室，需要立刻接受治療才能活命，我也不會希望手術醫師先停下來同理我有多痛多不舒服。」[24]

她的這番感觸呼應了我在文章中提及醫療領域的同理心弊病。那篇文章發表後不久另一位醫師來函交流，她在急診室工作，經當事人同意我引述如下：

我一直自認很有同理心，這在工作上是恩賜也是詛咒。連著許多年我都有快垮掉的感覺……如果封閉自己對病人痛苦的同理反應，我懷疑自己是否就無法幫助他們。參加世貿中心災後醫療團隊時，這種性格對我造成很大阻礙。我們十一月初才前往現場，目的不是救助恐攻倖存者，而是那些負責挖出遺體的團隊……當時我敞開心靈，不僅感受工作人員的心酸，還試圖從周遭環境去捕捉那股戰慄和失落，好像不這麼做不道德似的。有一天我同理得太成功了，下場就是自己承受不住，腦袋無法運轉。好像開了消防栓喝水一樣，結果自己溺死在裡頭。

她補充說，我提供的學術研究解釋了同理心和憐憫可能有所不同（如本書前面提過的例子），這個發現使她理解到放下同理心也不會變成壞人：

遇上同意放棄急救的家屬、剛得知親友死訊的人，以及必須對罹患癌症的病患、胚胎頭部畸形的孕婦宣布噩耗等等，原來不去感受對方痛苦並非泯滅人性。明白這一點之後我終於釋懷。克制情緒反應但不失憐憫真的是個好辦法。

同理心在醫療行業的問題大同小異。我一位小兒外科醫師朋友也提供了經驗，他見過兩個醫學院學生因為覺得接觸重症兒童及其父母壓力實在太大，最後選擇調到別的專科。另有針對護理系學生進行的研究也發現同理心高者照料病患的時間較少、請求同儕支援頻率高，推論原因是面對正在痛苦的人對他們來說實在太難受。[25]

同理心的問題在心理治療師身上或許最為明顯，畢竟他們的病人都是憂鬱、焦慮症患者，也常常陷入妄想或嚴重的情緒苦痛。心理師和案主之間是複雜的人際關係，在該專業領域內已有大量理論探討這個問題，精神分析學派尤其多，但無論如何倘若有人認為為了幫助憂鬱和焦慮的人，心理師必須能夠感受到對方的憂鬱與焦慮，恐怕完全誤解了諮商的意義。

事實上很多人無法勝任心理師的工作，原因就出在不懂如何關閉同理反應。優秀的心理師在這方面異常出色，我有一位臨床心理師朋友工作總是滿檔，一天連續諮商好幾個鐘頭，前個案主剛走出去下個案主就進門了。換作是我一定會瘋掉，和過度憂鬱、焦慮的人相處，就算只是短時間都會讓人覺得精神疲憊，但這位朋友卻樂在其中。她認真協助案主處理問題，將過程中出現的困難視為挑戰，積極追求改善對方生活的可能性。

聽這位朋友描述工作，我想起作家兼外科醫師阿圖．葛文德（Atul Gawande）曾經提出的見解。他認為好的外科醫生的態度是「溫柔和美的哲學」，[26]也就是尊重病患，亦將病患視為必須解決的問題。佛洛依德用過類似比喻：「我懇切建議同袍們進行精神分析時以外科醫師為模範。他們懂得放下包括同情心在內的個人感受，全部精力集中在如何成功達成任務。」[27]

我那位心理師朋友當然能理解個案的思維，否則怎可能適任。但她不會複製對方的感受，運用的是理解和關懷，而非同理心。

## 同理心的代價

截至目前為止我的討論主要著重在施展同理心的一方，可是被同理的人又是什麼情況？處於困頓的人當然希望獲得尊重、憐憫、仁慈、關注，但是否也需要被同理？是否從中獲益？

幾年前我叔叔因癌症接受治療。我十分愛他、尊敬他，也前往醫院及復健中心探視，因此有機會觀察到他和醫生的互動、對醫生的想法。如果醫生願意聽他說話，理解他的情況，他會非常高興，也就是對「認知同理心」有正面回應。若醫生表現出憐憫、關懷、態度溫暖的話，他也會很感動。

不過情緒上的同理呢？有點複雜。我叔叔似乎也明白多數醫生恐怕無法真的感同身受，他焦躁時對方依舊冷靜，他遲疑時對方卻態度自信。而且他比較欣賞和同理心無關的特質，像是能力、誠實、專業，當然還有尊重他人。

萊斯里．賈米森在《同理心測驗》的序文中提出了類似觀點。她描述自己曾為醫學生扮演病人，負責評價他們的表現，表格上第三十一項是「對我的症狀表達同理」。然而她回憶自己與醫生接觸的個人經驗，不禁懷疑同理心究竟有何實際作用。

她遇過很冷淡、似乎不同情自己病況的醫生，那種感覺確實很差勁。但她也碰過保持適當距離和客觀態度的醫生，為此心存感激。「我需要的並不是醫生媽媽。我只想確定醫生知道如何治療……這位醫生很鎮定，可是我不因此覺得被遺棄，反而感到安心……望向醫生的時候，我並不想看到對方和我同樣恐懼，反倒希望他一點也不害怕。」[28]

我引述克莉斯汀．蒙特羅斯和萊斯里．賈米森的說法支持我對同理心的批判，但為公平起見也要指出她們兩位在一定程度上也為同理心辯護。蒙特羅斯醫師雖然表態認為自己不需對病人過度同理，也不希望遇上同理心太旺盛的醫師，卻又退一步說：「不過平時醫師和患者的互動中，根據我的臨床經驗來看，合理範圍內的同理心對雙方都有好處。病人感覺得到聆聽和理解，醫師也更明白對方在乎什麼，會盡力緩解患者的痛楚。」[29]

賈米森也一樣，儘管表達醫師與病人保持距離是好的，但也補充了一段話：「醫生別反映出與我一樣的恐懼比較好，可是如果醫生都沒有同理心，最後大概也無法提供我需要的照護。他至少要稍微體會到我的感覺，願意且有辦法處理，並提供相關資訊、指示和安心。」[30]

我很同意她們的看法。關懷與理解非常重要，但我認為情緒上保持距離仍然能夠展現關懷與理解。醫師和心理師不需要「住在」病人的感受裡，保持足夠的距離對雙方都好。

一定會有人提出合理反對，認為醫療照護不該這麼運作，唯有體會對方感受才能真正明白病患處境，光是知性層次的理解還不夠深刻。

然而每次看到這種意見我不禁懷疑話題是否走偏。這麼想的人堅持一點：自己沒有感受過的話就不算真正理解。因此他們主張優秀的心理師必須先知道處於憂鬱、焦慮和寂寞是什麼感覺，也就是自身必須有過經驗。勞莉・保羅（Laurie Paul）將其稱為「轉化經驗」（transformative experiences），[31] 也就是必須親身經歷才有所感悟，想像不足以取代真實體驗。

法蘭克・傑克森（Frank Jackson）透過很有名的思想實驗詮釋這個論點，後來衍生出電影《人造意識》（*Ex Machina*）。他說了一個故事：聰明的科學家瑪麗終其一生困在只有黑白兩色的房間，連裡頭的電視螢幕也是黑白的。[32] 但她研究人類感官，也得到了關於感知顏色的神經學知識，包括各種顏色的光波波長、看見綠色會啟動什麼神經元，也知道血液和停止標誌是「紅色」，甚至懂得如何調和油漆——有關顏色的一切，她無所不知。可是房間裡僅有黑白，再來就是自己的身體，除此之外瑪麗沒有任何關於顏色的經驗。

想像瑪麗初次離開房間，抬頭看到蔚藍天空。多數人直覺認為這時候她得到了以前沒有的經驗，哲學中稱呼這種新的質性經驗為「感質」（*qualia*），與非感官的抽象知識是不一樣的層次。傑克森認為這個思想實驗證實心智有強烈的形而上本質，這部分尚有許多爭議，不過保守詮釋也顯示出親身體驗確實不同於間接習得的知識。有些事情只有過來人明白，想要真正懂得藍，瑪麗就得看過藍。

回到我們原本的主題上。對心理師來說，或許必須有些不可或缺的實際體驗。就病人的立場，與瞭解自己感受的人對話心裡會舒坦得多。而就心理師的角度，知道病人正在經歷什麼，也更容易對症下藥。

然而這不能作為支持同理心的論證，瞭解病人處境並不需要刻意模擬對方感受。自己有過類似經驗，如今獲得平靜但依舊理解才是理想的狀況，毫無必要為了明白對方感受而在聆聽當下複製苦痛。兩種情況都能促進心理師對個案的認識，但前者不需要運用同理心，也就沒有隨之而來的代價。

# 一定程度的痛苦有其必要

我們和自己所愛的對象又是怎樣的關係？前面討論了醫生和心理師，這兩種專業與大眾的關係已經算是特別緊密，但還是有點距離。醫師與心理師通常是一對多，而且建立關係的前提多半是付費，下班以後還是各自過生活。

朋友家人則不同，下班以後仍舊相處在一起，沒有公事公辦的隔閡。與陌生人的應對情況不適用在親密情境。

佛教探討「大悲」時也提出同樣疑慮，有人認為親密關係本身就是一種偏頗，與「大悲」如何相容。還衍生出一個老笑話：

「佛教徒為什麼不需要吸塵器？」

「本來無一物，何處惹塵埃。」

想想我們在親密關係中想要得到什麼。我想大部分人都期待被愛、被理解與被關心。我們都希望家人朋友在乎自己多過於在乎別人。對很多人來說，這就是親近、親密的意思。

而這份關懷也代表我們的感受常常與所愛的人同步。如果我難過但我親密的人開心，我開心時他難過，氣氛一定很詭異，而我也會因此懷疑自己和對方之間究竟距離有多遠。

可是這不表示我必須同理對方的感受。一個人關心我的時候，我難過她自然也難過，我快樂她自然也快樂。姪女得到獎學金，我知道了跟著開心並非因為我間接感受到她那份喜悅，而是因為我愛她、希望她過得幸福。甚至如果我比她自己還早得到消息也會一樣高興，可見得過程裡並不牽涉同理對方的情感反應。

也有感受不同的時刻，因為正常關係中每個人還是保有一定程度的自我，以及真正的關心未必需要複製對方的情緒。西塞羅（Cicero）說過友誼的好處是「增進幸福、減輕苦難，因為快樂倍增，但悲痛減半」，或許任何親密關係都如此。我個人期盼當自己恐慌時，關心我的人能夠鎮定；當我陰鬱時，他們能帶來活力。

此處又要引用亞當．斯密縝密的思考。[33]並不是我想刻意將他塑造為反同理心的先驅，事實上斯密常主張同理心是社會核心，但他善於詮釋各種人際互動，對同理心在友誼間的定位有一番鞭辟入裡的分析。

斯密首先提到同理心的優點。如果自己正在焦慮，同理一個冷靜的朋友會有所幫助，不僅能隨之鎮定也可以理解自身處境。「因此雖然心情極度動搖，卻因為有朋友相伴而得以回復本來的寧靜安詳。到了朋友面前，胸口躁動漸漸休止平息，我們立刻知道他是如何觀看自己的狀態，並且學著從他的角度理解現況。同理心具有立竿見影的效用。」[34]

這個例子反轉了同理苦楚可能對心理師造成的反效果。原本擔憂的是鎮靜的人（心理師）遇上慌亂的人（案主），由於同理心作用結果也跟著難過。但斯密認為鎮定的人可以幫助慌亂的人穩定下來，這對於心理諮商是個非常好的模型——關鍵在於使用同理心的人並非心理師，而是案主。

倘若對象是非常開心的朋友又另當別論。依照斯密的說法，人類能同理「小幸福」[35]，但若有人忽然飛黃騰達了，「可以肯定的是，不是所有朋友的慶賀都發自肺腑。」嫉妒會遮蔽同理心，朋友拿走我一直爭取的獎項，我當然很難真心為對方高興。嫉妒與同理會產生拉鋸。

為親友高興時最好沒有嫉妒情緒，前提是能擴大自我、將對方包括進來，於是對方的進步如同自己的進步。最容易符合這種條件的或許是父母對兒女，但面對增進社群整體福祉的人通常也可以。丹尼爾·康納曼（Daniel Kahneman）獲得諾貝爾獎我也覺得開心，因為他同樣是心理學家。羅勃．席勒（Robert Schiller）也得了諾貝爾獎，我還是高興，除了因為他也是耶魯校友，更重要的是我們住在同一條路上只差八個門牌號碼。雖然有點可笑，但他們的成就我與有榮焉。

再者，如果事件發生的領域我們根本不在乎，也就不會嫉妒——別人家種的番茄得什麼大獎我都不會嫉妒，因為我對園藝沒興趣（但有可能嫉妒別人對得獎者的崇拜）。

由於嫉妒帶來風險，斯密建議忽然遇上大喜事的人盡量別主動提起、不要張揚、保持低調，對朋友比往常更好些。我覺得這是很不錯的忠告。

但有個補充。斯密認為人類對小喜事能正常反應，這中間恐怕有個灰色地帶。我們的正面態度有可能來自真正的同理心（斯密口中的「同情心」），也有可能是因為我在意這個人，所以我克服了嫉妒為對方高興。

第二種非同理心的反應恐怕更常見。想像一下聽到好朋友談戀愛了，自己確實滿心歡喜，但那不是因為我也感覺到戀愛的目眩神迷，單純是因為我喜歡這個朋友。這是再平淡不過的生活案例，卻突顯出我們應該更謹慎，避免過分強調同理心。

最後想想親友不高興的時候。對此我們可以運用同理心，但並非唯一選擇。一個情況是對方不高興的理由在自己看來沒道理。之前提過，斯密舉的例子是有人生氣是因為「自己說故事的時候兄弟哼著歌」。[36]他生氣，旁觀者未必，因為這理由有點荒唐、甚至滑稽——斯密將我們這種反應稱為「人性中的頑劣」（a malice in mankind）。

更多時候我們只是不想附和別人的負面情緒，免得自己也心情糟糕。每個人的生活裡不都有很多狗屁倒灶的事嗎！斯密說得更貼切：「天地賦予每個人哀愁的時候似乎覺得夠多了，所以不逼迫我們一定要分享太多別人的苦，分量足夠敦促我們幫忙解決就好。」[37]他更認為難過的人要有自覺，別人不一定想要同理，散播情緒時要有所節制。

我得承認以斯密的見解來改善生活有點奇怪（雖然確實有本好書名為《亞當斯密如何改變你我的生活》）。他與朋友的關係很好，也是母親眼中的乖兒子，不過目前沒有證據顯示斯密與任何人有過戀情或肉體關係。（某次道德價值研討會後的晚宴上我遇見一群研究斯密的專家，他們激烈辯論的話題是斯密究竟是不是處男。）無論如何，他提醒大家謹言慎行，傳遞情緒時要留餘地，這個主張與本章主題相符，也對了我這個冷淡又壓抑的加拿大人胃口。

斯密也沒有小孩。朋友、情人、伴侶都算是親近，不過父母和子女之間又特別一些。從演化角度來看，沒有比親子更重要的連結，後代是我們傳遞基因的主要管道，人類自然而然演化出照顧下一代的情感。很多學者甚至主張同理心就是為了養育子女才演化出現，最重要目的是母親與孩子之間的連結與感受彼此的體驗。如此一來，母親更懂得怎麼照顧小孩。[38]

那麼同理心在好的教養過程中扮演何種角色？顯而易見，稱職的父母能瞭解與關懷孩子。（這大概是本書裡最符合傳統說法的一句話。）沒有人希望自己的爸媽像《廣告狂人》（*Mad Men*）裡頭的貝蒂．德雷柏一樣。

孩子：「我好無聊。」

貝蒂：「去撞撞牆壁。」

孩子：「啊？」

貝蒂：「無聊的人才覺得無聊。」

可是稱職的父母還有別的體悟，那就是對孩子而言長期的好與短期的想望常常相互衝突。作為父親，我最差勁的表現不是不在乎孩子，而是太在乎了而無法從孩子的挫折或痛苦中抽離。

持平來說，理解、憐憫、甚至愛都還無法囊括孩子所有需求。他們有時候需要同理心才能帶來的緊密連結。我的同事史提芬．達瓦爾（Stephen Darwall）描述得很好，當我們對另一個人「有責任」的時候：「將自己交在他們手中，讓他們有權可以要求我們回應。經由投射同理心，我們受制於對方的感受和態度。我們不單純是他們情感的目標，我們還會將對方的情緒帶到自己身上再經歷一次。」[39]

他在詳細解釋時引用了麥可．施洛特（Michael Slote）的例子。想像一對父女，女兒喜歡集郵。若父親對女兒說自己贊同也尊重自然是好事，但若他共享了集郵的興奮是不是更好？「受到女兒『感染』而對集郵也同樣出現熱情的父親，對女兒的興趣表現出（不自覺的）重視。」[40]

回到成人身上來看，在許多情境下我們希望別人的感受與自己一致，也就是希望對方對自己有同理心。斯密的舉例是冷靜的朋友會希望慌張朋友能沾一點自己的鎮定，其他例子包括宗教（希望你也感受到上帝的愛）、性（希望你能體會那種快感）、也有很平凡無奇的小事（老兄，試試這個玉米餅，超好吃！）。

可惜人類不是只有正面情緒，我們常常也希望別人接收自己的苦痛。畢竟我們都知道能夠同理別人的難受就會傾向幫忙，前面章節已經引述很多相關研究。假如我過得不好想要找人幫忙，就會試著撩撥同理心。潛在風險是必須拿捏得當，之前提到同理心過度發揮以後反而麻木，原本可能伸手援助的人無法承受負面情緒就會逃避。

在另一種非常不同的情況下，我們也希望別人能感受自己的痛楚。受了委屈的人提起加害者時常常想要讓對方不好過，但偶爾他們表達得更精確——希望犯錯的人能經歷一樣的痛。

以道歉為例子。多數人思考何謂好的道歉時，通常認為犯錯者必須表現出同理共鳴。赫蒂・豪金斯・洛克伍德（Heidi Howkins Lockwood）為好的道歉方式開出條件，其中就有一條：

> 應當誠摯而非迎合地表達同理心和內心想法：有些受害者指出他們能接受且認為是「真誠」的道歉，一定包含情感元素……或許更明確地說，那個情感要是同理。去年秋季哲學班上一位曾遭受性侵的人就告訴我：「我不是要他（加害者）痛苦，痛苦已經夠多了。我想讓他看見我到底經歷了什麼。」看見、感覺別人的

痛苦需要同理心，也就是從被害者角度去生動想像犯行經過與前後影響。[41]

艾倫．拉扎爾（Aaron Lazare）在《論道歉》（*On Apology*）一書中提出了類似想法：「道歉要真正有效，是羞恥和權力感在加害者和被害者之間對調。經過道歉，加害造成的恥辱回到犯行者自己身上。」[42]

不過為什麼需要「生動想像」？為什麼要「對調」恥辱？洛克伍德指出受害者並不希望犯人受苦，但我認為更誠實的說法是犯人受苦還不夠。看到加害者一點痛苦也沒有，被害者心裡絕對不會滿意；而如果加害者感受到的那份痛苦和犯行無關也沒有意義。理想上，性侵犯需要體會的是自己淪為被侵害對象是什麼滋味，如果犯人因為小孩生病或家裡失火而痛苦，被害者就算獲得一點慰藉仍會覺得少了什麼。

為什麼需要經驗上的對等？這關係到前面討論的理解與體驗是否存在差距。受害者接受道歉的前提是加害者理解到自己做錯了……但真正的理解只有親身體驗才能明白。

另一個需求是重建心理平衡。帕米拉．海洛尼米（Pamela Hieronymi）如此說道：「一個人受害以後，若沒有得到對方的道歉、贖罪，對方沒有遭到制裁、懲罰、定罪也不需賠償，沒有任何突顯他做了錯事的結尾，事情就會永遠梗在心頭，彷彿這世界承認自己可以被人那樣對待也沒關係。」[43]她列出包含道歉在內好幾種處理方式，主要目的在於修補受害者的尊嚴——漂亮的法律說法是維持受害者的人格完整。

從這個角度出發，道歉的要素之一是承認沒有正當理由不應傷人，為此犯錯者要付出代價，受害者才知道對方發自內心悔悟。換言之，一定程度的痛苦有其必要。同理心追求以牙還牙，加害者得經歷一模一樣的苦難。

至今我們探討了同理心在各種人際層面的角色，包括醫病關係、友誼乃至於親子，而且將其視為獨立主題，和本書前半針對陌生人、公共政策、慈善活動有所區隔。

假如真的可以劃分清楚就太好了——家門內是一套，家門外又是另一套。然而這一刀沒辦法切乾淨，界線很快就模糊，原因出在資源有限。我手頭上有一百美元，給了兒子買課本就無法幫助非洲的盲童。實驗室要聘請助手，朋友推薦他女兒，我要顧及友誼就得放棄公正客觀的遴選程序。

並不是所有人都意識到這樣的衝突矛盾。有位知識分子很崇拜諾姆．杭士基（Noam Chomsky）的著作、社會理念和道德勇氣，他仗義執言保護弱勢、奉獻自己幫助大眾等等。然而讚美文字後面多了一段話：「他是個徹底忠誠的人，絕對不會背叛朋友，心理結構上就沒有這種東西。[44]我認為即便他知道朋友做錯了也會出面為之辯解，不可能置之不理。」

自相矛盾了。諾姆．杭士基沒辦法不計代價地為朋友護航卻兼顧道德勇氣。我們對於身邊人的偏愛來自於同理心，但偏頗的情感時常牴觸道德價值體系該有的客觀公正。

有些人解決這個問題的辦法就是直接去他的客觀道德。斯蒂芬．阿斯瑪（Stephen Asma）前陣子出書主張親緣與忠誠的道德最重要，也就是我們本來就該偏袒身邊的人。他很清楚這種觀念與公平正義相衝突，所以書名就叫做《反公平》（*Against Fairness*）。（我不是故意點名阿斯瑪，但很難想像能有這麼討人厭的書名啊！）

阿斯瑪一開始就描述倫理講座上自己與僧侶、共產主義者同席。席間他的一句話震驚四座：「要是可以讓我兒子多活幾年，把這會議廳裡的人全掐死也沒問題。」

他說這句話當下是開玩笑，但開車回家的路上卻意識到其實發自內心。如果犧牲別人才能挽救兒子，他不僅願意也不引以為恥。阿斯瑪還說：「從效益主義的角度來看，我應該為最大人群行最大的善。二十幾歲的時候聽見這種道理我打從心裡認同，兒子出生以後卻只想一笑置之。」[45]

很多人和他站在同一陣線。血濃於水，不明白這個道理的人反而常被揶揄，甚至鄙視。喬治．歐威爾研究甘地自傳之後對他的勇氣深感敬佩，卻也駭於甘地竟然拒絕任何特殊的關係，包括朋友、家人、以至於性和愛情。歐威爾以「非人」形容，還說：「人性本質並非追求完美無瑕，不是為了斷絕欲念而連朋友都沒有。我們有時為了忠義甘願犯罪，也做好心理準備可能失敗、可能被生命的重量壓垮。如果要與其他人類個體建立牢固的愛，這些都是不可避免的代價。」[46]

回到本章前面提到的狄更斯作品。他具有強烈的社會良知，卻也譏笑對親友沒特殊情感的人，例子包括極端效益主義者湯瑪斯．葛萊恩（出自《艱難時世》），以及《荒涼山莊》〈望遠鏡慈善〉篇章內的傑利比太太，她關心異國百姓，卻忽略了身邊家人，兒子腦袋卡在欄杆，她卻念著伯里奧布拉加的原住民。

但也有人反其道而行，去他的特殊關係。任何人不應因為膚色、性別、性傾向而受到差別待遇是個很普遍的概念。有些人如彼得．辛格想得更遠，主張不只不該厚待同族人，更不應該對生理上較親近的人偏心。本書已經反覆提及數次，辛格認為我們依賴情感直覺只會越來越不客觀、不道德。[47]

雖然辛格支持效益主義，但也明白人際上某些親密關係和態度可以最大化整體福祉，比方說兩個人都有小孩，各自照顧自己的後代生存率最高。然而他與阿斯瑪立場終究相反，堅定認為偏心究其本質不值得鼓勵。特別關心親朋好友或許只是必要之惡，就像刑罰一樣。

並非只有彼得．辛格和甘地認為親緣關係不具本質的重要性。賴瑞莎．麥法庫哈指出亞伯拉罕原本要以摯愛的兒子獻祭、佛陀遺棄了家人，耶穌也說要成為他的門徒就必須「厭棄★父母、妻子、兒女、弟兄、姊妹，和自己的性命」。[48]

綜合上述可發現有兩派主要論點，其一是鼓勵同理心等等情感導致的偏狹關

★譯按：聖經英文為hate，但中文翻譯常見版本轉化為「不愛我勝過」或者「撇下」。「人到我這裡來，若不愛我勝過愛自己的父母、妻子、兒女、弟兄、姐妹和自己的性命，就不能做我的門徒。」（路加福音，14:26）

係，認為這是人性所趨；另一派則視其為道德上的誤入歧途。

本書開頭就說過：我反對同理心的理由並非它違反我的是非認知，而是它牴觸各位讀者的道德價值觀。有些同理心的作用結果幾乎所有人都無法認同。倘若此時我投向極端強調公正的那個陣營等於自打嘴巴。許許多多人認為我們本就該照顧身邊的人多於遠方的人，同理心強化這種態度再好不過。在我想像中，多數人會選擇與歐威爾、阿斯瑪站在同一邊，而不是投靠甘地與彼得·辛格。

某種程度上我自己也是，狄更斯的諷刺我看了很有共鳴。要是有人聲稱為了避免氣候變遷惡化所以不要搭長途航班，也因此就不要探視親友了，我一定會覺得對方莫名其妙。還有些家長將孩子送進環境很糟糕的公立學校，明明私立學校費用對他們不成問題，卻基於個人道德理念而下了這種決定，在我看來也很奇怪。甚至在慈善活動上我都不算是堅定的效益主義者，除了捐款太少之外，即便對象包括特殊奧林匹克運動會之類，我其實都只是憑感覺亂挑一通，沒有深思熟慮或者客觀分析。此外我照樣吃肉，兩個腎臟都還在，儘管我明知道自己留一個就足夠，另一顆可以救人。諸如此類的事情數不清，我和阿斯瑪以及大多數我認識的人一樣，比較在乎自己和親近的人，而不是陌生人。

不過我的偏心有上限，我相信大部分人都一樣。縱使趕著回家晚餐，但路上碰到迷路的小朋友，我還是會先幫忙他找到父母，就算晚點回去、家人有些不滿也無所謂。陌生人並非毫無意義。

每個人都要面對的道德難題在於如何平衡。時間與金錢、關注和情緒能量——多少要留給自己、身邊的人，又有多少要用於陌生人？麥法庫哈一語道破：這問題本身就彷彿是禁忌。如果一個人「開口討論自己應該為家人做多少、為陌生人做多少，將兩者擺在一起衡量，好像就已經犯了滔天大罪」。[49] 可是日常生活逼著我們面對這件事，在自我、親友、陌生人之間找到平衡點。用數學思考，可以參考下面這條公式：

**自我＋親友＋陌生人＝100%**

然後請填入對應的數字。自我等於百分之百的人是純粹的自我中心，大半會成為社會異類；至於自我為零的人則如同瘋狂的聖人。從古到今不少人都處在陌生人為零的狀態，我在前一本著作《只是嬰兒》也主張或許這就是人類原生的心理，不過我很難想像今時今日還有人抱持這樣的觀念。如果幫忙的代價不算太高，很少有人會眼睜睜看著陌生人死去，至少不是死在自己面前。那麼我們至少有了基本概念，知道不該填進去的數字是什麼，只可惜我依舊沒有精準的答案，也不確定大家要怎麼找出答案，甚至不敢肯定從這個層面切入是不是最好的思考模式。

我只能稍稍讓步，承認偏心未必完全不可取，對家人朋友特別關照沒那麼糟糕。乍看之下，好像我願意開一扇門給同理心了。

未必如此。沒錯，同理心是狹隘、偏見的——它的運作模式太過愚蠢。它除了讓我們認定某些個體值得特殊待遇、讓我們不好過，更由於它是由眼前的關注所驅動，往往讓我們成為縱容孩子的父母、太偏頗的朋友。從道德上的平等客觀而言，同理心作為判斷指標失敗了；而在親密關係中，它還是弊大於利。不使用同理心，結果通常好得多。

插曲

# 同理心作為道德標準

抓破無私者的皮，會看到偽善者的血。——Michael Ghiselin

或許同理心就像奶。成人不喝奶也能正常生活，但小嬰兒得喝奶長大。

很多心理學界的同儕、哲學家及父母都將同理心視為道德發展的核心，他們認為嬰兒具有高度的同理心，而且是亞當．斯密定義下與別人感受共鳴的那種同理心。隨著年紀增長，以同理心為基礎的道德觀念逐漸擴大且抽象化，最終演變為無需設身處地也能為他人著想，與客觀的道德推論若合符節。

這種觀點有個優勢在於單純。解釋何謂道德的時候，只要看看嬰兒展現出的單一特質——也就是同理心，接收別人感受的能力。後續的論述自然而然就能推導出來。簡單得令人欣喜，特別適合不相信小腦袋裝得下太多心理內容的人。

「同理心第一」這個理念以略有差異的形式得到兩位蘇格蘭啟蒙運動偉大哲學家背書，一個是亞當．斯密，另一個是大衛．休謨。另外很多當代發展心理學家也加以支持，馬汀．霍夫曼給同理心下的定義很切合這個脈絡：「符合別人處境多過於自己處境的情感反應。」他提出一套縝密的理論解釋同理心的發展過程，主張它是道德基石。在霍夫曼眼中，同理心是「關心他人的火苗，社會生活的黏膠」。[1]

即使他說得對，也不代表我的論點就錯。即使同理心對兒童來說是心理發展的基礎，也有可能對成人無用、甚至有害。如果市面上出現一本書叫做《反牛奶》的書，內容依然可以承認嬰兒需要喝奶。

## 選擇自私，不能推給基因？

我反對同理心，但認為人有慈悲心。我們想幫助別人，想運用心靈和智慧做善事。不過人性本善的觀點也會受到質疑，有些人認為所有人類都一樣，骨子裡自私自利。儘管抱持著如此憤世嫉俗的觀點，他們無法否認大家偶爾會選擇助人，即便對象素昧平生。捐款、慈善、上網提供建議等等都包括在助人之列。但人類的這種行為在這些人眼裡別有居心，可能想博取名聲，抑或是巴望未來也能得到幫助，再不然就是為了結黨和求偶。還有可能因為助人行為使人自我感覺良好，甚至自以為死後能進天國。總之，動機絕對不單純，人性本善是自欺欺人。麥可・季瑟林（Michael Ghiselin）就說：「抓破無私者的皮，會看到偽善者的血。」[2]

非常多聰明人得出同樣結論。據說湯瑪斯・霍布斯（Thomas Hobbes）與朋友走在倫敦街頭，他停下腳步施捨一個乞丐，朋友見狀很訝異，問他以前一直主張人性就是自我中心，怎麼會有這種舉動。霍布斯卻表示兩者毫無牴觸，他施捨也是純粹利益自己而已——這麼做讓他感到愉快，畢竟看乞丐窮困潦倒他也不好受。

還有林肯的故事，當時上了報紙：

林肯先生以前搭馬車的時候曾經對同車旅客表示任何人做好事其實都是出於自私。那位旅客反對他的說法，此時車子正好行經鋪在沼澤地上的棧道，車上眾人聽見一頭母豬發出哀鳴，因為牠的小豬仔陷入泥漿恐怕會溺死。馬車準備上山坡，林肯忽然開口：「車伕，停一下好嗎？」之後便跳下去將小豬撈上來放在岸邊。回到車上，朋友開口：「我說林肯啊，剛才你說的自私跑哪兒去了？」「我的老天，艾德，剛才那就是自私啊。要是放著小豬不管，母豬又只能在旁邊看著擔心，我也會一整天糾結這件事，過去幫忙是為了我自己心裡好過，你看不出來嗎？」[3]

第二章已經提過有不少支持同理心的人也抱持類似的性惡論，認為同理心造就的無私舉動其實來自內心的自私。我感受你的痛，於是我也痛了，出於純然為自己好的動機我才會想要幫助你。

但本書已經探討過為什麼這不是很好的解釋。如果我看見你在痛，所以跟著痛，想要自己不痛最簡單的辦法並不是幫助你，而是轉過頭不看你也不想你。只要切斷同理心連結，我就可以回到原本的舒適狀態。巴特森的實驗也顯示出大部分人就算可以逃避，還是傾向伸出援手。自私無法完整解釋同理心，看來同理心（若是）引發善行，原因是它催動原本就存在的正向情感。

雖然我很敬重霍布斯和林肯，但他們兩位對自己行為的解釋也有引人疑竇之處。假設他們解釋正確，那些善舉是基於自私自利，問題回到原點了，也就是霍布斯為什麼會因為助人而愉悅？林肯為什麼會因為放棄幫忙的機會就無法平靜、良心不安？換言之，就算接受他們的說法，但在所謂的自私底下似乎還是藏了不自私的潛意識。

部分相信人性本惡的人認為自己才是面對現實、科學思考——在他們看來，「心理利己主義」是種必然，只要放下對人性的浪漫或宗教情懷，認真思考演化過程，就一定會接受。人類心智受到天擇揀選，天擇本身沒有道德觀念，他們據此推論利他思想一定是假象，生物本能是存活和繁衍。

這套推論太常出現，很難視若無睹。但其實這些說法內容一團亂，對於天擇和心理學的理解都不正確。

天擇或許有其自私成分（形而上學的說法），但即使如此這份自私也是發生在基因而非個體。有個故事是霍爾丹（J. B. S. Haldane）被人問到願不願意犧牲自己救親兄弟一命，他回答如果一命換一命就不要，但若自己一命能換兩個兄弟或八個表親的話，他樂意之至。很符合生物學家身分的一番話，也充分詮釋了演化的真正意義。從基因的層次考量，霍爾丹在意自己的程度應當不下於對兩個兄弟、八個表親的關切，因為他們所有人的身體裡大抵上都是一樣的遺傳物質。可是正因為是相同基因，相較之下促使一個人犧牲自己拯救兩個兄弟或八個表親的基因有了優勢，比起只懂得保全自己一個人的基因更容易存續。天擇的「目的性」超越我們理解的人體，所以儘管乍聽之下自相矛盾，實際上自私的基因才會發展為利他的動物，懂得對別的個體表現善意。

所以選擇自私，不能推給基因——只顧自己從根本上就**違反**生物學邏輯。

接著談談對心理學的誤會。聲稱人類其實只關心自身存活和繁衍是混淆了兩件不同的事情：一個是天擇的目的（同樣是形而上說法）；另一個是通過天擇之後生物自身的目的，而我們當然就是這樣的生物。兩種目的的差別只要從別的方面思考一下就能理解：天擇賦予進食的「目的」是要維持肉體以求繁衍，但人類和貓狗昆蟲吃東西的動機可不一樣，我們是餓了、無聊了、緊張了才吃，或者有時候是基於禮貌、基於對自己的厭惡等等理由。

我們大口吃著洋芋片時，腦海中可不會浮現什麼基因給予的生存指令。威廉．詹姆士（William James）說過，如果問一般人為什麼要吃東西，「他不會尊敬你是個哲學家，反倒會笑你是傻瓜。」[4]

類似的情況亦發生在性行為上（有性交才會有小孩）。性行為在演化動機與心理動機上截然不同，心理動機大多時候與生小孩沒關係。換作其他物種也一樣，老鼠並不是有意識地要生出更多老鼠才進行交配。

善良也一樣。我們天性善良，是因為善良的祖先存活與繁衍得更成功，但不代表幫助別人的時候、進餐與做愛的時候會心心念念想著生存與生殖。實際上正好相反，演化使人無私，方法是在我們體內植入對於其他個體發自內心的在乎，創造出憐憫和關懷的天性。

不只人類如此。許多動物（所有哺乳類）都會照顧後代，而且仁慈和善行不局限在這個層面。針對這一點弗蘭斯・德瓦爾堪稱經典，他搜集大量非人靈長類的相關資料，發現黑猩猩在夥伴遇上困難時會予以援救，有時候還會取悅或安撫同類。[5]舉例來說，兩隻黑猩猩打架，其中一方輸了以後身體狀況還沒回復（也或許是情緒上的難過或羞辱感，如果這樣衍伸不會太過的話），第三隻黑猩猩會過去拍拍牠、哄哄牠。

黑猩猩會出現這種行為，代表年幼的人類也可以，而且幼兒的確表現出關心別人的態度。有些實驗故意請成年人假裝疼痛（譬如孩子的母親假裝撞到膝蓋，或研究人員佯裝手指被筆記板夾到），看看兒童如何反應，結果受試孩童常常會設法安撫成人，努力消除他們的不適。[6]其他研究中，幼兒看到大人撿不到東西、一直打不開門，都會過去協助，而且不需要對方開口請求，甚至無需視線交會，同時他們的幫助是有成本的，像是得離開一盒好玩的玩具之類。[7]種種跡象顯示他們真的想幫忙。

## 同理心沒有餵奶重要

那麼同理心呢？我們之所以能接收別人的感受，發展的根源何來？

或許有人會認為前面章節提到的神經科學已經足夠回答這個問題。然而即使同理心對應腦部某些區塊，這和主張說同理心是天賦能力還是有著頗大差距。畢竟事實是我們所有能力都受到腦部控制（不然還能是哪兒呢？），閱讀、下棋、看臉書都會啟動腦神經，這些可不是與生俱來的技能。也許同理心同樣不是，有些理論家就主張與同理心相關的腦部反應區塊其實並非天生如此，而是體驗了外界之後才發展成那種狀態。[8]

但也有人認為一些證據證明了同理心最初即存在。最知名的例子來自安德魯．梅哲夫（Andrew Meltzoff），他發現我們對著嬰兒伸舌頭，嬰兒非常有可能也會朝著我們吐舌頭，這個動作反映出嬰兒與成人之間存在同理連結，這麼小的孩子已經能將自己代入別人的情境。[9]

不過爭議尚存，一些學者質疑伸舌頭這動作究竟能代表什麼，說不定並非模仿，而是看到大人吐舌頭，嬰兒嚇了一跳，結果本能反應也是張嘴吐舌！[10] 梅哲夫和他的研究團隊近期發表了其他研究，進一步發現嬰兒腦內已經存在自我與他人的證據，譬如觀看另一個嬰兒被人摸臉的錄影時，身為觀眾的嬰兒腦內同樣出現被摸臉的神經反應。[11]一歲開始各種模仿跡象更顯著，嬰兒會試著模仿周圍成人的各種臉部表情。

同理苦楚呢？嬰兒能不能感受到其他人的不適？達爾文認為可以，並以自己兒子威廉為例。[12]他在著作中說：「關於同情這種連結別人的特質，」請注意十九世紀的同情指的是現代所謂的同理，「我兒子才六個月又十一天大的時候，保姆裝作要哭，結果他神情落寞、嘴角往下撇。」

後來的研究印證了達爾文的觀察。出生之後幾天內，嬰兒聽見別的嬰兒哭鬧會不高興，如果聽到自己哭鬧的錄音會更不高興。還有很多證據顯示一兩歲大的孩子看到有人難過，心情會受到影響。[13]

我在前一本書《只是嬰兒》裡引述很多關於早期同理心的文獻，但現在不那麼肯定可以這樣詮釋。[14]雖然有如此多的敘事或實驗，卻沒辦法排除不運用同理心卻依舊關心別人的可能性。比方說威廉露出不開心的表情或許是因為他以為保姆很難受，可是未必要藉由同理反應才能知道保姆的狀態。

更有力的參考資料是年紀較大的幼兒偶爾會對別人的痛苦表現出難過的反應，但事後又自己平復。這種現象確實指向他們經歷同理苦楚，不過有趣的在於這種反應似乎不限於人類、甚至不限於靈長類。一份研究發現老鼠接受訓練後能學會利用開關阻止同伴遭受電擊，但有些老鼠不會這麼做，原因卻並非牠們不關心同胞過得好不好，而是因為自己受到過驚嚇。研究人員特別指出這種老鼠「看到痛苦、尖叫、跳來跳去的同伴，結果縮到遠遠的角落一動也不動」。[15]

可是這些同理反應會生成道德行為嗎？畢竟一個人可以在不知情的前提下就對別人的痛苦有反應，我自己就有很多次經驗是當下情緒不好，事後才明白原因出在先前與憂鬱的人互動過（心理學上稱之為「情緒感染」）。若不明白對方痛苦的根源，即使複製了對方的情緒也不會觸動我們的道德。同理心的功用僅在於接收別人的感受，可惜如果我感受到你的難受，卻沒發現難受的是你，還誤以為是自己，那麼我根本不會試圖幫忙。假設嬰幼兒也如此，上述的助人行為恐怕不是同理心的結果。

於是討論進入核心議題：兒童的早期發展就顯示出具有仁慈與憐憫之心，反映出來的行為是安撫與幫助他人。同樣也是早期發展，兒童看見別人難受時自己也會難受。問題來了，這兩個現象是否相關——小孩子幫助別人是不是因為他們感受到對方的難過？

保羅．哈里斯（Paul Harris）做了文獻研究以後認為無法找到這種連結。[16]不少論述指出幼兒在自身沒有產生難受情緒的前提下也會主動幫忙，例如藍恩：「一歲三個月大的藍恩是個結實的小娃娃，肚子圓滾滾的。他特別喜歡玩遊戲逗爸媽笑，會搖搖晃晃走到父母面前拉起T恤露出大肚子。有一天，他哥哥攀爬花園籬笆摔下來，疼得放聲大哭。藍恩靜靜看了一會兒，忽然走過去朝哥哥拉起T恤露出肚子，看著哥哥嗯嗯啊啊叫了起來。」[17]

我們無法排除藍恩心裡經歷了對哥哥的同理苦楚，但目擊者沒看到他有難過的表現，才一歲多的孩子通常也不擅於隱藏情緒。單純以文字敘述的話，藍恩擔心哥哥、想要哄哥哥開心，但是他自己不覺得痛，也就是說這是與同理心無關的助人行為。

之前提過成人在孩童面前假裝難受的實驗也發現同樣的現象。兒童的反應大半是試圖幫忙，一開始是輕拍或擁抱之類簡單的肢體動作，接著比較複雜的則是開口說「不痛」，或者拿玩具過去，過程中他們自己沒有難受的表現。孩童唯一穩定表現出難受情緒的情境是他們造成別人的不適，但這種反應極有可能源於罪惡感或恐懼感，未必是同理作用。

不然再看看另一個經典案例。幾組六個月大的嬰兒由母親陪同在遊戲室內互動，有時候其中一個孩子不高興了，另一個孩子會碰碰他，或者朝他做些手勢。[18] 觀察中沒有發現做出反應的嬰兒感染任何負面情緒。

雖然討論主要鎖定在嬰幼兒，我想以黑猩猩的觀察報告作結。[19] 前面提過人以外的靈長類也會表現善意，弗蘭斯．德瓦爾有趣的研究主題就是黑猩猩的撫慰行為，他注意到牠們對衝突中落敗的一方有親吻、擁抱、撫摸等等舉動。由於對象是輸家而非贏家，這些行為不可能是求和，牠們似乎真心想為同伴打氣。要是換作人類做這些事情，我們毫無疑問會將之形容為體貼又有愛心。

然而保羅．哈里斯提出值得思考的見解。在黑猩猩互動的影像紀錄裡，落敗者的表情明顯扭曲痛苦，過去撫慰的同伴卻只是關切而不難受。[20] 人類的心思已經夠難掌握了，判斷其他物種的心思更是困難，不過目前看來黑猩猩是關心夥伴，而不是在心理上感受了對方的感受。

我不認為學界對嬰幼兒或黑猩猩的認識足以保證結論無誤，也許未來新的研究成果會指向同理心是道德開花結果的必要條件，不過就目前所知同理心並未有像餵奶般的重要地位。

第五章

# 暴力和惡意★

每次都是好人對世界造成最大傷害。——Henry Adams

★ 譯按：此處惡意的原文為 cruelty，一般解釋為「殘酷」，但書中討論涵蓋層面較大，因此以更廣泛的「惡意」稱之。

一九四五年四月，達豪集中營內幾個人靠著牆壁排排站，先是一陣拷打後再遭射殺。[1]這種事情在裡頭是常態，好幾萬名囚犯葬身其中，有的被虐死、有的被餓死，有些受刑、有些被押進毒氣室，甚至成為慘無人道的實驗品。不過這些都是發生在集中營得到解放以後的事情了，受害者是被俘擄的德軍，下手者則是戰勝的美軍。

大衛·威爾塞（David Wilsey）上尉寄給妻子的家書中有這麼一段話：「納粹親衛隊當著我的面被按在牆上一頓毒打之後槍斃，你們美國人一定會說很『冷血』。不過艾蜜莉，願上帝寬恕，我還真的一點也不同情，他們自作孽不可活。我已經看過親衛隊太多禽獸不如的事情了。」

後來他又提到：「我有沒有『告解』過自己間接殺了人？我的鋼杯被同袍拿去盛了河裡的冰水潑在親衛隊赤裸的上半身，他們被迫兩手行納粹禮罰站好幾個小時，最後還是一槍斃命。有個加州來的工兵真的殺紅了眼（從沒見過這麼激動的人），他向我借了鋼杯說要用在『前置作業』上，潑了水以後拿點四五手槍朝那三個德軍臉上轟下去。納粹害死這男孩的親兄弟，不這麼做他無法『發洩』心頭怨氣。」

本章要探討暴力與刻意施加他人痛苦，包括謀殺、強姦、刑求。前面引述的歷史主要想呈現這個主題的複雜程度。殺害德軍的人本身並非虐待狂或心理變態，動機反倒是強烈的道德感。事發後幾個月，美國軍方針對達豪集中營事件發表調查報告，建議將數名官兵送交軍法審判，不過喬治·巴頓將軍（George Smith Patton）決定不予起訴，事情沒有鬧大，只留在史學家心裡。我能想像即便正在看這本書的一些讀者也會認同巴頓，覺得那幾個美國士兵的行為情有可原，甚至本來就沒錯。

很多人試圖從單一元素解釋暴力和惡意的成因，這些理論假設某個主要原因是世上一切錯誤的起源，其中我最注意的當然就是缺乏同理心。《卡拉馬助夫兄弟們》（杜斯妥也夫斯基的作品）裡頭的伊萬說過，沒有上帝的話人類什麼事情都幹得出來。一些心理學家則將上帝替換成同理心。假如他們說對了，本書主題便無法成立。

理論之一主張邪惡源於非人化（dehumanization，又稱去人性化）和物化，也就是不將人當人看，視之為人以外的獸類或非生物，如此思考就能接受自己殺害、奴役、貶低對方。有人認為同理心可以阻絕非人化的思考，假如此言屬實就很有理由推廣同理心，因為同理心可以將我們從人性最黑暗的部分拯救出來。

其他探討暴力的論點不直接涉及同理心。有些主張暴力的行為反映出一個人失去自制，[2]證據是酗酒或藥物濫用和許多負面行為之間呈現高度相關。[3]根據一項統計，超過半數的暴力犯罪發生在酒後。衝動引發暴力，這個推論符合相關調查，犯罪者時常在生活其他層面也無法自制，抽菸、交通事故、意外懷孕等等比例也都比較高。

從這個角度來看，暴力是一種系統失靈的現象。艾德里安・雷恩（Adrian Raine）將暴力比喻為癌症，是基因與環境結合後所產生，兩者也都是需要治療的疾病。[4]

但同樣存在相反的論調，主要來自經濟學家與演化理論學者。他們認為暴力是人類生活的基礎面向，某些問題以暴力手段解決反而最為理性。[5]癌症象徵了異常、病變，應該自世界徹底驅逐，若有療法能夠治本，往後人類就不會再受疾病所苦。然而暴力根植於人類和所有動物，懲罰、防衛、獵食的行為皆由暴力演化而來。除非人類變成天使，否則暴力和暴力威脅會持續存在本能中。或許有一天癌症會消失，但暴力不會離開我們。受到暴力對待很難快樂面對，有人據此推論惡會永遠存在這世界。

## 惡與道德差距

我們究竟要怎麼理解所謂的惡？羅伊・鮑邁斯特（Roy Baumeister）寫了一本好書叫做《惡：在人類暴力與殘酷之中》（*Evil: Inside Human Violence and Cruelty*），他的所有例子都取自真實生活，而不是莎劇的伊阿古（《奧塞羅》）、人魔漢尼拔、恐怖片的佛萊迪・克魯格、宗教的撒旦、電影裡的凱撒・索澤（《刺激驚爆點》）或者邪惡變種人（漫威設定）。

鮑邁斯特認為以虛構人物為例有害無益，因為這些角色多半源自他稱之為「純粹惡的神話」。[6]這種思想將邪惡視為神祕恐怖的宇宙能量，與多數人一輩子沾不上邊。少數人被這股力量控制以後才淪入邪道，希望造成別人痛苦。回想電影《黑暗騎士》裡阿福如何對蝙蝠俠描述小丑：「有些人做事不是為了金錢之類合乎邏輯的東西。他們無法收買、無法壓制、無法說服和談判。這種人……只是想看全世界燒成灰燼。」

既是精神科醫師也是連續殺人犯的人魔漢尼拔・萊克特出自湯瑪斯・哈里斯（Thomas Harris）的小說，後來躍上電視與大螢幕而有了新形象（包括由安東尼・霍普金斯主演的《沉默的羔羊》）。劇情反覆強調漢尼拔是「怪物」，他以驚世駭俗的手法殺害許多人（電視版第二季有一集裡漢尼拔抓了另一個連續殺人犯，砍斷對方雙腿逼他自己吃掉，我看到這集就受不了沒繼續追劇）。奇怪的是人魔有種特殊魅力，他外表看來溫文儒雅，施行暴力的對象時常令觀眾認為是罪有應得，加上行事作風頗有個人原則，譬如不會性侵受害者。（這樣一個人物有很好的收視率和票房也是值得探究的主題：純粹的惡在何時只是娛樂，在何時令人不適？）

戲劇呈現下的漢尼拔和普羅大眾不同。社會對這種人取了許多綽號，包括怪物、禽獸或者超級獵食者——最後這個詞彙是一九九〇年代的流行，當時用來指稱某些有暴力行為的青少年。此外還有反社會人格及心理變態，這兩個詞彙原本該有專業且精確的定義，但在口語中等同於大惡人，他們不像正常人一樣在乎別人的死活。

本章之後會討論大衛・李文斯頓・史密斯（David Livingstone Smith）的說

法。他認為某些個體在我們眼中失去身為人的基本特質，於是不被當作人，惡意因此誕生。此外有一種人特別容易被非人化，那就是做了壞事的人。[7]當年納粹不將猶太人當作人，現在我們心中也將納粹非人化。

純粹惡這種神話源頭眾多，其中之一是史迪芬．平克所謂的「道德差距」（moralization gap）[8]——我們傾向低估自己行為的嚴重性。看看暴力犯罪的調查報告，其中許多提到犯人無法理解為什麼旁人要大驚小怪。最極端的案例是弗瑞德里克．崔西（Frederick Treesh），他隸屬三個「瘋狂殺手」★組成的團體，據說被捕後曾經對警察說：「除了殺了兩個、傷了兩個，用槍托打了個女的，在幾個人嘴巴裡塞了燈泡，我們真的沒有傷害任何人。」[9]

鮑邁斯特與其團隊在一次研究中請受訪者回想自己觸怒別人、別人觸怒自己兩種不同經驗，[10]結果描述自己觸怒他人時多半將傷人言行解釋成不嚴重或出於好意，卻認為自己被觸怒的事件很嚴重、造成長期影響、對方不理智或虐待狂。我們總以為自己是被迫的、無辜的，別人則是神經病、性格偏差。

暴力或傷人的舉動影響受害者遠大於加害者本身，所以這種結果一點也不叫人意外。約翰打了比爾，這件事對比爾的意義比較大，無論生理或心理的打擊都

★譯按：連環殺手（serial killer）的定義是殺害三人以上但每次犯案間隔長，大規模殺手（mass murderer）是短時間在同一地點殺害多人，瘋狂殺手（spree killer）則是四處行凶。

是接受方比較強烈。暴力攻擊或性侵足以改變受害者的一生，對加害者卻不一定那麼嚴重。甚至換個角度看，一般人講話若尖酸刻薄、輕蔑不屑，時常也是言者無心聽者有意。不過也有例外，有人特別在意自己是否侵犯對方，即使對方沒這麼想也一樣。不乏罪犯對過錯耿耿於懷，受害者卻早已遺忘的故事。然而若情節嚴重，絕大多數案例中受害人的處境遠比加害人來得慘痛。

道德差距會導致滾雪球式的冤冤相報，小自日常生活中朋友、手足、伴侶的爭吵，大到國與國之間的衝突都無法避免。你對我做了討厭的事情，你不以為意、我卻放大檢視（事件變得更嚴重、更沒道理、更卑鄙下流），於是我採取了自以為符合比例的報復手段，然而你也覺得我的反應過度，於是加倍奉還而造成惡性循環。類似現象有夫妻吵架越說越難聽，以及交戰國雙方都自認行為合情合理，是敵國人心腸歹毒。人類還沒滅亡其實真是個奇蹟。

道德差距是我們不視自己為惡人的原因之一。鮑邁斯特說：「如果社會科學家只能研究包括犯罪者在內所有人認定的惡，那就根本不必做研究了。」[11]所謂窮凶極惡之徒，例如被判刑確定的強暴犯，他們自認是受害者的比率高得令人稱奇；他們錯在自認無辜，我們卻錯在不將他們視為同等的人類。

思考何謂惡，也就是真正的惡，比較妥當的方式是：別專注在別人對自己做了什麼，回頭看看自己的言行如何傷害他人、別人為何希望獲得道歉與補償。不要只看他國對本國幹了什麼壞事，想想自己國家做了什麼引起外國人憤怒。

有些人的反應是：那些不是惡。我是做了讓自己後悔或被人責怪的事情，我的國家是對別的國家做了些不好的事情，但有時這是權衡後的結果，有時則是不知情，沒有哪一樁出自純粹的惡。對，大部分人回憶以前做過的壞事都是這麼想的。

我並不想過分強調這種現象，畢竟社會上還是有些惡的性質與眾不同。確實存在以造成別人痛苦為樂的虐待狂，但少之又少，少得連美國《精神疾病診斷與統計手冊》上面都沒有這個條目。當然也有人的劣根性滲透到骨子裡，就像阿福說的一樣，那種人唯恐天下不亂。再來就是真正的心理變態，縱使人數很低卻引發相對大量的犯罪與苦難。問題在於思考這些特例的時候，所謂純粹的惡依舊無法解釋其行為。

有一派主張純粹惡的概念是倒因為果，因為犯行者之所以那麼做並非刻意為惡，反而以為自己做得對，心裡有強烈的道德感。平克說：「這世界道德過剩。

統計一下自以為正義導致的他殺案、宗教與革命戰爭造成的傷亡、沒有傷人或僅僅微罪就遭到處決的人，以及意識形態掀起的種族滅絕，數字一定超過無關乎道德的獵殺與征伐。」[12]

亨利・亞當斯（Henry Adams）評論勞勃・李（Robert E. Lee）★的時候說：「每次都是好人對世界造成最大傷害。」[13]

單看字面會覺得莫名其妙，善會導致惡？必須注意的是現在探討的並非客觀存在的善，而是信念與動機上的善。換言之，癥結點並非惡變成了善，而是行惡之人在當下認為自己行善。

塔基・萊伊（Tage Rai）與亞倫・費斯克（Alan Fiske）將這種論點延伸到極致，最後結論認為道德化思考才是殘忍暴力的主因。[14]他稍微列出人類的惡行：「戰爭，嚴刑拷打，種族滅絕，名譽殺人†，以動物或人獻祭，他殺，自殺，親密關係暴力，強暴，體罰，死刑，司法決鬥或私鬥，警察施暴，閹割，團體欺凌新人的習俗……」

這些行為有什麼共同點？萊伊認為以上行為不是為了虐待對方，不是有利於自己，也不是失去克制。最能解釋這些行為的原因是道德，「執行自己認知的

★ 譯按：美國南北戰爭時，南方邦聯（維護奴隸制）的知名將領，晚年投入進步路線的教育事業。

† 譯按：為維護群體名聲而殺人的行為，通常是女性失貞後遭到家族殺害（或者玷汙該女子清譽的男性被殺害）。

道德權利與義務」。

道德造成暴力不是什麼奇怪現象。道德的存在就是要人行動、要我們插手別人的生活。我不喜歡葡萄乾，這不是道德價值，所以只要我不吃葡萄乾就好，我不會要求別人不准吃。我也不喜歡謀殺，但這是道德價值，於是我會試圖阻止別人謀殺、要求政府懲罰殺人犯之類。可見道德價值會激發人類採取行動，而行動有可能是暴力的。

道德的力量很強大。我讀過一則發生在幾年前的故事：有個男子帶著妻小到杜拜海灘遊玩，大女兒二十歲，下水後開始掙扎呼救，結果這位父親奮力阻擋兩名救生員前去營救。[15]後來警察詢問，「他說寧可讓女兒溺死也不能給陌生男子觸碰」，後來他女兒真的死了。

倘若以為這個父親的行為來自情感疏離、虐待狂或者心理變態就完全搞錯了方向。他那麼做是基於道德觀，就像其他父親會極力避免女兒遭人強暴。

觀點是這裡的關鍵。二〇〇一年九一一事件後，有些巴勒斯坦人上街慶祝，西方世界許多人認為他們道德淪喪。但事實上二〇一一年賓拉登死亡、二〇一四年加薩走廊遭到轟炸，美國人和以色列人也歡天喜地，都不覺得自己國家幹了什麼壞事。

暴行的背後若牽涉到不同的道德觀，事情便十分複雜。萊伊那篇有趣文章最後說：「等到有一天，所有人、所有地方都真心相信暴力是錯誤的，暴力才會結束。」我倒不這麼想，在我看來暴力根本不可能消失，因為我內心深處並不認為暴力絕對是錯誤。在我個人的道德觀念裡，暴力有時候才是正途。

我認為某些情況下人應該使用暴力，甚至可說是道德上的義務，譬如遭到攻擊時以暴力自衛，或者某些情境下可以用暴力制伏盜賊（還沒吃完的麵包被搶走，我當然會伸手搶回來）。我也不樂見政府對違法者毫無懲戒手段。某些重要的社會互動如交易必須具有強制性，我給你一美元買顆蘋果，你收了錢卻不給我蘋果，我可以請求外力介入，逼你交出蘋果，否則你就得還錢。如果沒有強制力做最後防線，社會制度無用武之地。捨棄暴力和暴力的嚇阻作用，人類世界反而會分崩離析。

以上舉例是希望取得共識，畢竟很少人認為遭受攻擊也不該保護自己。可是有些主張暴力的訴求會引發爭議，比如我個人的道德觀認為在某些情況下，國家與國家之間採取包括戰爭在內的暴力形式有其道理，甚至有其必要，且不限於自衛。（即便沒有其他動機，光是為了解放如達豪那樣的集中營，美國就應該要進攻德國。）而我也覺得拳擊、美式足球、格鬥技雖然含有暴力成分仍是可接受的娛樂活動。此外，符合某些條件時，應該授權政府強制阻止人民自殺。

提出這些情境並不是為了說服，而是為了呈現暴力議題牽連層面深又廣，不是大部分人在思想上有謬誤，等到大家領悟暴力不是解答時就能世界大同。暴力不會真正消失，我們該面對的問題其實是：**使用多少暴力，以及使用何種形式的暴力**。

## 同理心的成本效益評估

我們看到了道德觀念激發惡意與暴力的案例，但也不能以偏概全。雖然的確有不少強暴犯、強盜與小偷心裡不認為自己真的罪該萬死，反倒覺得是情勢所逼、別人的錯，又或者正好個人需求特別強烈等等，然而罪犯鮮少誤以為所作所為符合道德標準。傷害別人一定還有其他理由，其中包括最簡單的就是慾望，對金錢、地位、性等等的慾望。

話題回到同理心上。並非每個人都想藉由別人的痛苦來達成自己的目的，或許同理心在這裡起了剎車作用。貪念引誘我們打量別人搶走財物，同理心阻止我們那麼做。憤怒催促我們受辱時往對方臉上呼一拳，同理心勸我們別輕舉妄動。

之前曾引用喬納森．格洛弗說過的故事：住在集中營旁邊的女士對飽受摧殘的囚犯起了同理心，卻可以接受只要暴行轉移地點到不會干擾她的地方就好。這個故事和其他許多例子是要突顯同理心未必引人向善。不過有時候同理心看起來確實發揮正面意義，擋下了我們最惡劣的衝動。格洛弗從喬治．歐威爾那裡聽來另一個故事，他在西班牙內戰期間看到有敵兵兩手拽著褲子：「我沒開槍，一部分是因為那條褲子。上戰場是要對抗『法西斯主義者』，拉著褲頭的男人算什麼『法西斯主義者』，不就與你我一樣都是同胞嗎？那當下我根本沒了開槍的念頭。」[16]

所以我同意同理心有時候能作為剎車，只可惜我仍舊認為它化身為油門的機率一樣高——很多時候爭端的導火線就是同理心。一些人聽見同理心就聯想到善良仁慈，我聽見同理心則聯想到戰爭。

我明白這個觀點很罕見。以下是對於同理心比較標準的看法，出自巴隆．柯恩對我文章的回應，他舉當時正值高峰的加薩戰爭為例：

思考一下以色列首相班傑明．納坦尼雅胡面對的狀況：哈馬斯（伊斯蘭抵抗運動）從聯合國設立的學校裡面發射出火箭，我是否應該派出以色列國防軍執行轟炸任務，即使會因此害死無辜的巴勒斯坦學童？

沒有同理心，只依賴所謂的理智與成本效益分析……於是他下令轟炸哈馬斯的火箭發射基地。

然後想像如果納坦尼雅胡運用同理心會做出什麼判斷。他或許會捫心自問：「如果我生在巴勒斯坦，親生孩子死於以色列的轟炸，會是什麼感覺？如果那些巴勒斯坦學生是我的孩子，看到炸彈如雨落下會有多驚恐？」同理心得出的答案截然不同，能夠保全當地。

雖說以色列有先進的鐵穹防禦系統，哈馬斯首領群發射火箭之前也面對同樣的抉擇。他們不用同理心，只注重成本效益評估……於是朝以色列發射火箭。

倘若哈馬斯領袖都能問問自己：「如果我是生活在以色列的孩子，晚上上床睡覺時卻聽見防空警報，會是什麼感受？」或者，「如果朝著避難所奔跑的年長婦女是我母親，我是什麼感受？」他們應該會採用別的方式反抗不公不義。17

乍看合理，對敵人懷抱同理心，就不會想傷害他們。

遺憾的是同理心並非如此運作。想想看戰爭前夕的狀況，國家領袖是提出成本效益的統計數據請民眾理性思考嗎？最終決策真的來自巴隆・柯恩所謂「沒同理心的成本效益評估」嗎？冷血計算是否能夠解釋加薩戰爭雙方支持者的心理，或者美國入侵伊拉克的行動？

恐怕解釋不了，因為現實是大家忘不掉家族、同胞、盟友曾經遭受欺凌。三個以色列青少年慘遭殺害，他們的祖國決定攻打加薩，而哈馬斯與其他組織都利用巴勒斯坦的仇恨爭取子民支持對以色列開戰。去問問這兩邊的人為什麼要殺死對面那些孩子，他們不會如柯恩所擔憂的吐出一大串官方統計數據，反倒是訴說摯愛的親友被敵人害得有多慘。

一定有人會堅持解決問題要靠更多同理心。以色列人要將同理心從隔壁咖啡館內的鄰居擴大到願意犧牲自己的自殺炸彈客，巴勒斯坦人也該將同理心從被倒塌房屋壓傷壓死的兄弟姊妹延伸到開坦克攻擊房屋的士兵身上。

十分美好的理想，但本書已經舉出太多證據指向同理心不會如此運作。對待敵人如同對待親生子女，就好比視狗屎如美食——邏輯上有可能，卻悖離人類心智的常態。世上也許存在情操特異的人能視敵如親，不過納坦尼雅胡、哈馬斯領袖之類左右大局的人是否超凡脫俗、把持得住？我懷疑。

此外，在上述情境和許多其他的案例中，同理心作為道德指引確實有不足之處，想要行善的人終歸得在一定程度上關注與衡量結果，也就是巴隆·柯恩輕視的成本效益計算。軍事行動能夠阻止希特勒屠殺集中營內數百萬人，即使會犧牲部分無辜性命還是得攻打，我相信這個決定符合主流的道德觀。假如巴隆·柯恩也同意這一點，那麼他應該知道同理心不能無限上綱，估算成本與效益並非真的一無是處。

有時候正確的決定會導致人民的死亡。二次大戰中，英軍破解了恩尼格瑪密碼（*Enigma code*），因此先一步得知德軍目標是科芬特里（Coventry）。[18]如果他們開始戒備，德軍就會察覺密碼被破解。邱吉爾政府權衡之下做出痛苦決定，犧牲無辜百姓維持軍事優勢，因為提高勝算、取得勝利才能保住更多人命。

## 同理心如何引發暴力？

同理心引致暴力的觀念很早就存在，亞當．斯密就詳細討論過：「見人遭到壓迫或傷害，同情使我們感受到對方的苦痛、產生同仇敵愾的憎惡。看見受害者反擊我們不只開心，還摩拳擦掌要助陣。」[19]

加害者傷害了受害者，我感覺到受害者心裡的怨恨，於是和他站在同一陣線。可是這個框架不能完整解釋為何我們要傷害犯罪者。舉例來說我認為虐貓的人該受罰，然而我不可能認為是貓咪自己希望得到這個結果。此處真正的問題並非「被害者要什麼？」而是「如果我或我在乎的人淪為被害者，會想要什麼？」斯密後來也試圖釐清這個概念：「我們將自己放在他的位置……彷彿進入他的身體……我們將他的處境帶進自己心中……」

美國南方曾對黑人動私刑、歐洲也發生過種族屠殺，學者探討這類暴行時通常著眼點是仇恨、種族意識形態和去人化。這樣想沒有錯，不過同理心也參與其中。同理的對象當然不是被用刑、被送進毒氣室的人，而是被那些討厭的人侵犯過的無辜受害者，譬如被黑人強暴的白人婦女和被猶太戀童癖拐騙的德國小孩。

來看看當代的反移民語言。二〇一五年川普競選總統時特別愛提名叫凱特的女子。他甚至不以全名凱特・史坦勒（Kate Steinle）稱之，總是直呼其名。凱特在舊金山遭到非法移民殺害，川普的用意是讓她在聽眾心中變得更真實，如此一來談到墨西哥和殺人犯的關聯更能打動人。安・庫爾特（Ann Coulter）新書《再見，美國！》（*Adios, America!*）也鉅細靡遺描繪了移民犯罪，尤其側重強姦、姦童，其中一章的章名是〈為何新聞報導拉丁裔畢業生代表，卻不報導拉丁裔姦童犯？〉，內文標題則包括「朋友吸毒誰的錯？墨西哥人」。[20]無論川普或者庫爾特都利用故事撩撥大眾情感，塑造移民加害善良百姓的形象以爭取支持。

暴力衝突起因很多，我並不打算主張同理受害者比起別的因素更重要，只想強調不應忽略這一點。希特勒攻打波蘭獲得德國民眾支持，因為他們聽了很多波蘭人殺害或虐待同胞的故事，情緒早就被點燃。美國預備進攻伊拉克之前，報紙、網路上也滿滿都是薩達姆・海珊與他兒子們魚肉百姓的故事；更近一些，美國政府支持對敘利亞發動空襲前也不斷強調阿薩德的軍隊有多可怕、竟然使用化學武器等等。如果未來對ISIS發動全面戰爭，肯定會有越來越多斬首畫面以及他們的暴行故事流竄在媒體。

我並非和平主義者，我相信無辜人民受害有時候需要武力介入干預，就像前面提過美國參加二次世界大戰的情況。可是同理心造成天秤朝暴力傾斜，引導人類只看向戰爭的好處——為受害者復仇、救援可能遭遇危險的人等等。相對的，戰爭的代價很抽象、只是數字，其中大半要由我們不在乎也不同理的人承擔，得等到開打了以後才漸漸有人對因此痛苦的人、尤其是同陣營的人發揮同理心，因為這時候成本忽然具體清晰起來。可惜通常太遲了。

同理心如何引發暴力的實證研究還很少，不過來自安奈克．布芬（Anneke Buffone）和麥可．普蘭（Michael Poulin）的兩個研究直接指向這個主題。[21]研究首先請受訪者描述過去一年身邊親友遭受不公對待的事件，身體或心理都可以。接著再詢問他們對受害者投射多少情感，是否主動出面以具侵略性的態度對抗造成傷害的人。結果一如所料，對受害者越有感情，攻擊傾向就越高，符合同理心與暴力相互連結的概念。

然而兩位作者也表示研究發現可以有許多不同詮釋，例如或許不是憐憫、仁慈、更不是同理心挑起攻擊心態，單純只是受訪者和被害者關係較緊密。為此他們進行第二次實驗以深入探究。

受試者被告知目前有一場數學競試，獎金二十美元，最後剩下兩位彼此不認識的參賽者，人在另一個房間裡。接下來研究人員朗讀文章，表示內容出自參賽者之一，描述的是她經濟拮据，無力負擔車資和學校註冊費用。然後受試者又被通知現在進行一個實驗，想測試痛楚與能力表現的關聯，為了增加亂數所以由這群受試者決定施予的痛苦強度（給的辣醬分量★），對象則是另一名參賽者。

實驗分組的關鍵在於那篇文章，就像之前巴特森的作法一樣。有些受試者聽到的內容會挑起同理心（「我從來沒有這麼缺錢，現在心裡好慌」），有的則不會（「我從來沒有這麼缺錢，但應該撐得過去」）。

一如預期，如果文章裡有明顯的焦慮，受試者聽了以後就會給競爭對手吃下較多的辣醬。值得注意的是競爭對手完全沒有做錯事，文章作者的貧困與焦慮不是這個人造成的。

更有趣的是布芬與普蘭的研究還發現，如果受試者的基因對抗利尿激素和催產素比較敏感，同理心與攻擊性的態度之間就呈現更高相關性。這兩種荷爾蒙都會影響憐憫、助人和同理心的表現，所以除了某些情境催生同理心以後會誘發攻擊行為，另一個因素則是某些人特別容易被挑動。

★ 譯按：原實驗中，研究人員特別對受試者解釋使用的辣醬一定會造成痛苦並降低成績表現。

我自己和耶魯研究生尼克・史塔納羅（Nick Stagnaro）合作的一系列研究得到類似結論。我們對受試者說了可怕遭遇的故事，像是記者在中東地區被綁架、美國的虐童案，然後詢問他們認為加害者應該如何為自己的所作所為負起責任。[22] 在中東的案例中，我們提供漸進的政治手段作為選項，從按兵不動、公開譴責一直加重到出兵攻打，國內虐童案則以加重刑罰為主，小自撤銷保釋機會、大至判處死刑。接著我們以巴隆・柯恩的同理心量表做測試，雖然前面提過量表設計未必完善，仍能粗略顯示同理心程度。與布芬和普蘭的基因研究相符，同理心越高的人越傾向重罰。

## 心理變態與同理心

再來將焦點從惡行轉向惡人。道德理論指出有些人的行為雖然可怕，背後動機卻是行善和道德。但當然也有人為惡的時候心中沒什麼道德可言，他們只想著達成目的，不在乎是否因此傷害別人。這種人不夠尊重別人，甚至有可能從別人的痛苦中得到快感。又或者，他們欠缺同理心。

如前述，欠缺同理心的說法不能一體適用，做出可怕事情的人常常在生活的其他層面表現出關懷和同理心。這個論調的一個具體展現是納粹其實相當關注人類以外的動物；想要嘲諷素食者的人經常以此為例。[23]希特勒很愛狗，而且厭惡狩獵。納粹高階將領赫爾曼·戈林（Hermann Göring）更誇張，直接下令禁止打獵、上馬蹄鐵、用滾水燙龍蝦與螃蟹，違者送入集中營！（他曾經將一個拿活青蛙當餌的釣客關進去。）或者，納粹的教育宣傳部長約瑟夫·戈培爾（Joseph Goebbels）說過：「人類最後只有狗一個朋友……我越是瞭解人類這個物種，越是喜歡我養的本諾。」

不過確實似乎也有一部分的納粹分子以殘暴為樂，對大屠殺的種種惡行顯得享受其間。儘管我說虐待狂少之又少，但並非不存在，集中營的士兵可能正好是比例特別高的群體。有些人會受到暴力衝突的吸引，他們參與其中不是因為政治、宗教或者意識形態，而是他們享受拷打、強姦、殺人的過程。

於是有個特定群體必須關注，談到同理心的優缺點時很難不聯想到他們。許多人認為這些人的存在足以反駁本書的所有論點。

也就是**心理變態**（psychopath）。在大眾文化間，心理變態或較少見的同義詞**反社會者**（sociopath）都是指糟糕而危險的人。詞彙本身定義模糊，有人想像的是衝動暴戾，卻也有人認為是冷血壓抑。有時候心理變態被視為罪犯和社會邊緣人，但也有種說法是許多CEO和政治領袖都屬於心理變態。珍妮佛・史基（Jennifer Skeem）團隊注意到就連學術文獻對心理變態的定義也缺乏共識。[24]有研究將其定義為攻擊性強、暴躁易怒，也有研究說是情緒淡漠；有的說是魯莽衝動，有的說奸詐狡猾；偶爾針對高成就階層，但大部分研究對象是住在監獄或精神病院裡的人。

所以心理變態究竟是什麼意思？加拿大心理學家勞勃・海爾（Robert Hare）開發一份心理變態檢測表，主要用於判刑、假釋之類重要公務，但我的同僚將其修改為無需專業人員監督即可使用的自陳式量表，以大學部學生為樣本，測驗看看量表分數與道德理解、對於性暴力的態度之間有無相關。

心理變態檢測表的內容分為四大項：[25]一、如何與他人應對，測量特質為自大、表面功夫、是否喜歡操弄他人；二、情緒反應，包括是否有同理心；三、生活模式，特別是寄生式的、衝動的，以及不負責任的行為；四、過去的負面行為傾向，如觸犯刑法之類。除此之外還有兩個額外項目與性和愛情有關。

檢測表上的項目幾乎都是負面的（說「幾乎」是因為有些人會認為性行為複雜沒什麼不好）。得到滿分的人兼具油嘴滑舌、自大狂妄、病態式的說謊成性、愛操弄人心、不會內疚或懊悔、情緒淡薄等等特質，如此看來這份測驗應該可以找出容易做出不當行為的人。如果我搭乘長途巴士，一定不肯坐在心理變態檢測表滿分者的隔壁。

只不過究竟有沒有所謂的心理變態這種人格類型尚未有定論。受測後得到高分的人或許有問題，但問題不一定是他們真的有精神疾病，也許只是正好具有這些負面特質。要注意心

**修正版心理變態檢測表（PCL-R）之因素、面向與細項**

| 因素一：人際與感情特質 | | 因素二：反社會特質 | |
|---|---|---|---|
| 面向一：人際 | 面向二：感情 | 面向三：生活形態 | 面向四：反社會 |
| ·能言善道／表面功夫<br>·誇大自我價值<br>·病態式說謊成性<br>·好操弄他人 | ·缺乏悔意或罪疚感<br>·膚淺的情感<br>·冷漠／缺乏同理心<br>·無法承擔行為責任 | ·需要刺激／容易感到無趣<br>·寄生式生活形態<br>·缺乏符合現實的長期目標<br>·衝動<br>·無責任感 | ·行為控制能力較差<br>·早期行為問題<br>·少年偏差行為<br>·違反有條件緩刑規定<br>·犯罪類型多樣化 |

資料來源：R. D. Hare, Manual for the Revised Psychopathy Checklist, 2nd ed. (Toronto: Multi-Health Systems, 2003).

備註：原本 PCL-R 的兩個項目沒有包含在修正版內容中，分別是「性行為複雜」與「多次短期婚姻關係」。

理變態和所謂正常人之間沒有明確客觀的界線，由學者根據研究需求自行定義，也就是說心理變態這個標籤貼在什麼人身上是個片面的決定。

另一方面檢測表列出的項目並不只是單純將負面特質堆砌起來，而是有系統的陳列。有些學者主張心理變態的三項主要成因是脫抑（disinhibition）、膽大（boldness）、卑劣（meanness）。[26]卑劣這個用詞在我看來特別怪，以心理學領域來說未免有些隨便，但它的的確確捕捉到神髓，相關性格包括「缺乏同理心、輕視且欠缺人際連結、叛逆、尋求刺激、愛利用別人、透過殘酷手段取得地位」。[27]一般人談到心理變態罪犯，講的就是這些特點。

所以重點回到缺乏同理心上。看來這是卑劣的元素之一，心理變態檢測表列出的項目稱為「冷漠／缺乏同理心」。很多主流的心理變態治療法將欠缺同理心視為根本病因。此刻又得老調重彈指出認知同理心和情緒同理心的分別。許多心理變態者的認知同理心良好，他們擅長讀別人的心，否則無法進行操弄、欺詐、引誘。大眾說心理變態沒有同理心，指的必然是情緒同理心，也就是他們見到別人痛苦也沒感覺。

那麼心理變態之所以為心理變態，核心因素真的是同理心缺失嗎？有理由懷疑這種說法。

首先杰西・普林茲指出心理變態可能不是同理心特別低，[28]而是所有情緒都比較鈍。檢測表裡有這一項：「膚淺的情感」。一九四一年賀維・克勒利（Hervey Cleckley）的著作對心理變態做出初步臨床描述：「惱怒、怨恨、不穩定、常有一閃而過的虛假情感、暴躁易怒、假意的自怨自艾、幼稚而虛榮、裝腔作勢的憤怒。以上種種都在這樣的情感範圍內，根據情境而有不同展現。然而其情緒內通常找不到成熟、誠實、穩固的自尊、深沉的喜悅，以及真正的怒火、傷痛、絕望這類反應。」[29]

普林茲據此提出質疑。也許心理變態並不特別和同理心有關，而是整體的情緒薄弱所導致。

珍妮佛・史基與其同僚提出另一個值得注意的地方。[30]她們察覺檢測表上「冷漠／缺乏同理心」和「膚淺的情感」這兩個項目對未來暴力與犯罪行為的預測效果很低；心理變態檢測表之所以能預測未來的不良行為根本不是因為同理心或類似元素，而是基於別的理由。首先，測驗內容原本就涉及作答者以前的犯罪紀錄和當下的反社會行為，譬如關於少年犯罪、犯罪多樣性、寄生式生活形態等等的問題；再者，題目可以反映出作答者是否缺乏自制力、壓抑不住衝動。

這個結論針對的是心理變態，同時符合了非心理變態者的攻擊性行為。上一章提過，後設分析彙整大量研究重新檢視同理心和攻擊性行為的關聯，包括言語、肢體和性等層面，[31]結果卻是相關度低得叫人意外。

因此就心理變態和同理心，能肯定的只有他們通常同理心較低，可是沒有證據能證明缺乏同理心會導致不好的行為。

若要更進一步證實低同理心使人變壞這個理論，或許目標要放在低同理心但沒有心理變態相關問題的群體。這樣的人有可能存在。典型的亞斯伯格症和自閉症患者的認知同理心都不高，他們很難理解別人的心思；也有學者認為他們的情緒同理心一樣弱。然而與心理變態有同樣的爭議，我們還不確定他們是真的不能同理，還是選擇不要同理。[32]

可是他們是怪物嗎？不是。巴隆．柯恩觀察後認為患者並沒有自私和暴力傾向，[33]反而道德原則時常比一般人更嚴格，所以不是他們對別人無情，而是別人對他們冷酷。

# 缺乏同理心導致非人化的行為？

關於惡意和暴力的討論若不提到非人化就不完整。非人化的意思是思想或行為上不將其他人真的當人看待。人類的殘暴很大一部分由此而來。

大衛・李文斯頓・史密斯對此提出極有趣的見解，他從心理學上的本質論來思考何謂非人化。他引述研究發現多數人心中的自己和親友具備特殊的人類性質，卻不一定能在親友圈之外找到同樣元素。[34] 在我們眼中，某些族群沒有好好發揮其人類本質，幼稚而未開化，於是我們可能會直接否定對方的人類身分，不將他們當作人對待，而只是物件或物品。更糟糕的情況是否定對方為人以後，還給他們安上次等的性質，也就是當成狗或老鼠一類。

非人化表現在納粹對猶太人、歐洲殖民者對美洲原住民，以及美國南方蓄奴者身上。隨便舉個例子：傳教士摩根・高德溫（Morgan Godwin）轉述過奴隸主認為黑奴沒有人性，他們對他說「黑人外形像人但根本不是人」，而是「缺了靈魂的生物，跟野獸同個階級，自然應當作野獸對待」★。

這可不是空口說白話，非人化的思考確實導致非人化的待遇。縱觀大半歐洲

★ 譯按：傳統基督信仰認為動物沒有靈魂，死後無法進入天國。

歷史，即便到了二十世紀都還有人體動物園將非裔同胞關在籠子裡給白人觀賞。非人化也並非只出現在歐美，人類學家李維史陀（Claude Lévi-Strauss）發現對許多人類群體而言，「不是同部落、同語言團體就不算人，有時候不同村子就不算人。」[35]於是有些群體將外部人稱為獸，取了「土猴子」、「蝨子蛋」之類綽號。

調查種族主義的網站也很容易看到這種現象至今仍在，談到黑人、猶太人、伊斯蘭或其他遭歧視的族群時，彷彿對象是非人的動物，以為他們沒有深層感情或智能。實驗室研究發現一般人心裡對陌生或敵對群體的印象是缺乏人類該有的情緒，如嫉妒、後悔等等，並視之為蠻族，好一點就是當作小孩子看待。[36]

前段提到種族問題，事實上性別領域也有一種近似非人化的現象。女性主義學者如安德里亞·德沃金（Andrea Dworkin）、凱瑟琳·麥金農（Catharine MacKinnon）以及瑪莎·納思邦都探索過「物化」的概念。[37]物化他人的那方（通常是男性）不將其物化對象（通常為女性）視為對等的人類，納思邦在一次深入談話中指出物化通常代表：「否定自主權……沒有自決能力、好像沒生命……無主動性、無積極性。主體性遭到忽視……沒有必要顧慮對方的體驗和感受。」[38]

但我個人的分析略有差異。我認為對於女性的特定態度和李文斯頓探討種族時是一樣的心理，通常是非人化而非物化。

想想色情書刊裡的女性形象，這是物化討論的一個重點，但其中的女性不會是沒生命、彼此無差異的物體，也並非無主動性、無主觀體驗，只是被塑造為受到挑逗後順從的模樣。至少在部分例子裡，她們成為只有性的存在，少了成為人類所需的智能或情緒特質。因此我們要（或說應該）思考的道德問題不是色情文化將女性視為物，而是將女性描繪為低等個體，像以前的奴隸一樣愚笨且屈從，從而和史密斯討論的主題也有對應。

非人化是無辯護餘地的概念。認為黑人、猶太人、女人缺少重要的人類特質，不具備自主、自決、豐富的情感，這種想法是很明顯的錯誤，而這個錯誤會導致非常可怕的結果，催生出冷漠與惡意還為之開脫。某些人基於這個理由認定同理心非常重要，它阻擋非人化的思考，使我們能看見人類真實的樣貌。如果這是事實，那麼支持同理心的論點強而有力。

想必我提出異議也是意料中之事。我不認為將人視作人對待需要同理心，它不是避免非人化的必要條件。

首先請注意：即便不是非人化的思考，人類還是會有殘暴的行為。事實上換個角度來看，最殘暴的情況是明明沒有將對方非人化，卻還是刻意造成傷害。讀讀李文斯頓的著作《非人》★第一章，開頭便是這樣的句子：「賤狗，來咬我啊！汗尤尼斯的野狗在哪兒？狗娘養的！一群畜生！」[39]

這是以色列士兵的挑釁，吉普車的擴音器朝汗尤尼斯難民營靠巴勒斯坦那一側廣播。史密斯藉此說明衝突時我們會將敵人視為非人、野獸，不過這個例子有個奇怪的地方：他們在字面上就已經叫對方是狗。如果以色列人真的覺得那邊是一群狗又何必廢話？要是他們在車上閒聊時就說敵方是狗（純粹的非人化思考），叫對方是狗作為嘲諷反而顯示事實恰恰相反，羞辱要有意義的前提是將對方看成人。

凱特・曼恩（Kate Manne）對發生在密蘇里州佛格森（Ferguson）的警察槍擊事件有類似分析。當時警察對抗議民眾大吼：「來啊，他媽的你們這些畜生，要打就來啊！」[40]曼恩認為他們的用詞不能詮釋為否定抗議者的人類身分，應視為「謾罵和叫囂」，以及「知道對方是人，人不喜歡被當成別的東西，因此貶低對方不是人聽來格外刺耳」。

★譯按：原書名為 *Less than human: why we demean, enslave, and exterminate others*，尚未譯為繁體中文，簡體版書名為《非人：为何我们会贬低、奴役、伤害他人》。

曼恩引用克瓦米・安東尼・阿皮亞（Kwame Anthony Appiah）的說法指出，將對方視為非人化的人常常「透過羞辱、汙衊、咒罵、動刑而承認了對方的人類身分」。[41]二次大戰之前一直到大屠殺時期，猶太人的遭遇便是如此。儘管暴行主要出現在大規模殺人階段，也確實反映出不將猶太人當人看的觀念，但在此之前已經有很多舉動透露出同樣的態度，比如烏克蘭的猶太人遭到各種侮辱貶抑，當地人還津津樂道。這類行徑展現了加害者內心其實將被害者視為人，如果他們一開始就不被視為人，踐踏他們尊嚴又有什麼好開心的？

性別方面也是同樣情況。確實存在真正的非人化思維，性別歧視的核心是認為女性並非發展完整的人類。有許多實證研究（一部分出自我和同僚）指向一點：當男性產生性慾，或者只看著女性身體而不看她們臉孔，就會傾向覺得女性沒有自主、自決和自我意志，不能算是完全的人。[42]不只如此，無論強暴、性騷擾、以至於日常生活中無所不在的性別歧視，有時候行為人十分清楚對方也是人類，所以才有了貶低或羞辱的欲望。

探究同理心的重要性時，巴隆・柯恩評論道：「將他人視為物品極其惡劣。」[43]我同意物化很惡劣，但看看上面的例子，恐怕會覺得這並非最惡劣。

我試圖從另一個角度分析李文斯頓對非人化的論述，但他也有所回應，表示這些案例中貶損受害者的言行或許不是非人化，卻顯示了想要非人化的動機，目標是貶低對方的地位，希望對方也將自身看作遜於人類的生物。[44]有別於說別人醜和笨，罵別人是「狗」、「畜生」不單純是侮辱，而是要轉變對方的形象。

支持這個說法的證據是納粹以列車押送猶太人去集中營途中不准他們使用廁所。有些人會以為這只是單純虐待，但普里莫．萊維（Primo Levi）描述了為什麼這屬於非人化：「看見男女老幼在月台、在軌道邊蹲下來隨處便溺，親衛隊員難掩心中笑意，日耳曼旅客則當場表達厭惡，覺得會做出這種行為被捉走也是活該。在他們看來猶太人不是『人類』，而是牲畜，事實明擺在眼前。」[45]

因為缺乏同理心才會助長了將他人給非人化的想法？我不認為。非人化是積極否定對方身為人的特質，和暫不考慮人的特質而關注其他需求大有不同。前者真的可怕，後者不一定。

參考以下的例子。夫妻躺在床上，女方以男方的肚子為枕。[46]或者走在人群裡，有人會躲在路人背後避免陽光刺目。因為要請好幾個客人共進晚餐，主人得預估要叫多少外送、怎麼在不夠大的桌邊排好座椅。這些行為都不一定考慮到對方的想法和感受，甚至就是暫時將人看成物件，卻沒有違反道德。

我在本書反覆提出的主張是，為了追求真正公平、道德、有效益的政策，出發點最好不帶同理心。施以刑罰時，量刑要根據有邏輯且公正的分析，而不是奠基在同理被害者的苦痛上。印度的乞兒來討錢，我們若確定給了錢只會造成更多問題，就要克制自己的情緒。這麼做不是否定世上的痛楚和苦難，也並非值得憂慮的非人化思維，而是為大局著想才有所取捨。結果如何很重要，這種思考並不殘酷，反而是善意。

至此看來同理心與暴力、惡意之間的關係錯綜複雜，為惡者未必同理心低落，能克制為惡欲望的人也不必然就富於同理心。甚至在很多情境裡同理心使我們朝惡傾斜，不只導致政策錯誤、關係破裂，還實際引發了暴行。

思考同理心的時候，我們可以拿它與憤怒做比較。憤怒和同理心有很多共同點：它們都是每個人從小就有的反應，也都是社會性且主要對別人展現的情緒，和恐懼、厭惡之類通常由經驗或東西所引發的感受不同。最重要的是兩者都和道德有關，涉及我們的是非判斷。一般而言，同理心激發出對他人友好的行為（幫助對方），而憤怒則會導致懲罰（傷害對方）。不過兩者彼此相連，前面已經解釋過同理心如何引起憤怒：一旦我們同理某個人，誰敢對這個人有惡意言行，就得承受我們的憤怒。

有人認為這世界若沒有憤怒會更好。許多佛教徒視憤怒為損蝕人心也危害社會的情緒，將其稱為「不善法」（unwholesome）。歐文．佛萊納根（Owen Flanagan）曾經與藏傳佛教領袖會晤，他問了達賴喇嘛一個好問題：倘若可以阻止大屠殺，是否會殺死希特勒？「達賴喇嘛轉頭和高僧們討論，高僧通常都坐在他背後，令人聯想到獅群。他們以藏語說了幾分鐘悄悄話，然後達賴喇嘛回身作答，表示應該殺死希特勒（實際說法像是混合了日本武士道的處決示眾儀式），原因在於可以切斷極惡的因果循環。所以，『可以殺他，但不要動怒。』」[47]

達賴喇嘛也認為理性但具有關懷的人會執行、或者至少支持在某些情境下使用暴力解決問題，甚至可以殺人。他視其為必要之惡、最後手段，如果有暴力以外的辦法能斬斷惡的因果自然再好不過。這種觀點和憤怒的人不一樣，憤怒時想讓別人受苦，憤怒的人想看到做錯事的人痛苦。

然而憤怒使人不理性。很多研究顯示我們對犯錯者施加的懲罰強度和內心的憤怒成正比。一個實驗先讓受試者看了影片，導致他們心生憤怒，接著要他們審判一樁與影片內容無關的罪行。縱使無關，生氣的受試者還是傾向重罰。[48]

聽起來很糟糕。很多演化理論學者都同意憤怒對於人類適應環境有其價值，作為社會性、互助性的生物需要這種情緒。除非我們能讓想要鑽漏洞和利用別人的人知道代價昂貴，否則無法發展出慷慨與仁慈的行為。於是我們演化出憤怒之類的情緒來對抗群體中的不良分子，並成就了善良與合作。從這個角度來看，我們不能將憤怒當成是機械噪音，無用也無意義。正好相反，它是人類善意的基石。

但即使演化分析正確，憤怒的當下仍可能誤入歧途，我們最好避免。

如何為憤怒辯護？一種說法是面對憤怒的人，自己可能也需要憤怒。佛萊納根悲哀地點破一個現象：有些社會贊同人民表達憤怒，不憤怒的人處理爭議與衝突時反而處於劣勢。[49]

生活裡就有很多例證，成為共識的事情就算沒道理也難以改變。譬如別人邀你去家裡用餐，你就得帶瓶酒過去表示心意，有人覺得這習俗很蠢，可是沒辦法自絕其外。被關進高戒備監獄的人或許也絕望感慨獄友們的暴力凶殘，但已經出不去。所以有句俗諺說：人家槍戰的時候，你別拿刀子上。

針對我寫過的一篇文章，杰西．普林茲很聰明地為憤怒做了有力辯解。我類比同理心和憤怒並指出兩者有相似的缺陷，但他認為我太輕率否定了憤怒在道德上的重要性：

「義憤」是對抗暴政、女性解放、爭取公民權的重要基礎，而且比起同理心有幾個層面明顯勝出：憤怒提供更大的動機，但不容易受到操作，任何不公不義的場合都適用，也比較不受偏見影響。我們出面為弱勢而戰，並非因為他們與自己相像，而是因為我們堅持自身原則。不受理性拘束時憤怒確實會走錯方向，可是兩者搭配起來就銳不可當。理性就像舵，而憤怒則是槳。布倫認為憐憫是關鍵，但適度的憤怒才是對抗不公不義的能量。[50]

他的論點很合理。假如可以調整自己孩子的腦部功能，我也不願意完全拋棄憤怒。按照佛萊納根的說法，憤怒這種情緒可以保護孩子自己與他身邊的人，尤其當世界上其他人都會憤怒時更是如此。而普林茲則主張憤怒能誘發道德行為，的確很多道德英雄都在旁人選擇漠視時本著怒火挺身而出，以憤怒動員了自己和追隨者。

但我不像普林茲一樣將憤怒看作社會轉變的原動力。試想一般人最生氣的是什麼？基本上無法免於偏頗——我們對於自己和親友身上遭遇的不公不義特別惱怒，但沒牽連到自己與親友的事情就沒有那麼多感覺。至今我仍記得九一一事件之後許多美國人有多麼震怒，然而世上還有沒影響到我們或是我們直接或間接造成的其他暴行，可是大家無法展現同等的情緒力道。

要是真能改變孩子的心理基因，理想上我會保留一點憤怒，但不多。然後加入大量智力、對他人的關切、再來是自制。雖然我不敢完全放棄憤怒，但必須確保憤怒受到控制、引導、轉化，並以理性思考為優先。憤怒最多只能作為可靠、能幹的下屬，但不能發號施令。

我們也應該這樣對待同理心。

第六章

# 一個理性越多越好的時代[1]

別殺害鄰人與敵人，即使你不愛他們……擴大的不是同理心，而是權利——我們願意保障其他生命，無論多麼遙遠、多麼不同都能免受傷害和剝削。

——Steven Pinker

亞里斯多德將人類定義為理性的動物，可惜他沒機會聽說四盎司牛肉堡的故事。[2]

一九八〇年代，艾德熊連鎖餐廳（A&W）為了對抗麥當勞廣受好評的「四分之一磅牛肉堡」（即三盎司），於是推出「三分之一磅牛肉堡」（即四盎司），肉更多、價格還更便宜，盲測也證實風味更佳。但計畫失敗，後來焦點團體研究發現問題出在命名，消費者覺得自己被騙了，因為「三」分之一聽起來比「四」分之一要來得少。

某些層面上這種數學遲鈍非常吻合本書主題。我一直主張太過依賴感受和情緒反應會導致判斷和行為的偏差。雖然和單純的數學錯誤不盡相同但終究是種錯誤，也引起不必要的痛苦。人類時常不夠理性。

我的反同理心言論立足於理性上。然而要主張「這種判斷有缺陷」，而且不僅自己相信也希望別人相信，前提就是存在一種不會出現同樣缺陷的心理能力。我的論點是人類雖然受到同理心之類的直覺情緒所影響，卻不會完全受到它們的控制。世界可以變得更好，只要我們決定是否開戰之前先進行成本效益的計算，以及認知到陌生人的性命與自己孩子一樣重要，儘管我們心中對陌生人沒有特別溫暖的情感。

感性與理性、直覺與思考——人類心智的二元對立是最古老卻也最歷久彌新的心理學理論。柏拉圖就已經提出這種觀念，直到現在的教科書論及認知過程時依舊視其為核心。他們假設人的心理過程有「冷熱」兩種要素，或者說是直覺性的「系統一」和審慎的「系統二」。丹尼爾・康納曼（Daniel Kahneman）的暢銷書《快思慢想》（*Thinking, Fast and Slow*）書名就準確捕捉到精華。[3]

可是現在很多人認為思考和「冷認知」（cold cognition）的系統二沒有作用。提倡思考推論的重要性在哲學上是天真，在心理學上是不成熟，在政治上也令人存疑。

前陣子我在《紐約時報》上發表一篇短文，彙整過去研究並指出理解別人的心思其實很困難，我們並不擅長有時稱為「認知同理」的技能。[4]不出所料有人提出異議，但比較令我意外的是他們對文章最後一句話的反應。那句話是：「我們應該轉換焦點，培養退後一步思考的能力，採行公正客觀的道德標準。」

原本以為這是很合理、很乏味的結語，沒想到不少評論者見獵心喜，質疑時多半語氣輕蔑——究竟什麼是公正客觀的道德標準？真的存在嗎？就算有，為什麼是好的？類似情境下，我曾收到一位社會學教授來函指教，對方溫和提醒我對理性的強調帶著濃濃的西方白人男性本位。其實他不是這樣措詞，但字裡行間的客氣不外乎請我認清自己處於優勢地位。

這些回應實在叫我錯愕。明明已經有很多經典討論過人類應擁抱怎樣的道德價值——道德哲學或許艱深，但道德應該公正客觀在我看來不證自明。難道大家更喜歡不公正且主觀的道德嗎？

支持同理心的論點（即便與我立場相左）並不難接受，有人認為同理心也可以公正客觀，或者同理心是公正客觀的道德的必要條件。再退一步，至少可以說同理心能與公正客觀的道德相容。換言之，可以說本書的論述不正確，同理心整體而言是好的，可以幫助想要做出睿智且公平的判斷的人。而在個人的情境下，偏心也沒有什麼好奇怪的，譬如自己的孩子與陌生人同時溺水，只能救一個的話，我也會選擇救親生兒女，並不因此覺得自己做錯了。所以同理心中的偏頗或其他心理過程至少在某些狀況下符合道德良知。這種意見值得正視，我也在書中反覆回應解釋。

不過我很難認真看待公共政策可以不必公正客觀的論調（也就是說白人政治

人物制定偏袒白人的政策也沒關係）。至於那位社會學教授說追求理性尤其是西方白人男性的價值觀，這種形容只該出現在極端後現代思潮試圖衝撞最頑固守舊那群人的場合才對。事實上沒有任何理由認為非男性、非白人就不具有理性，有關西方的部分我則建議看看本書前面的內容，佛教思維格外透徹地點破了為何不該高估同理心的價值。

另外一種評論則需要深入探討，它和理性的優劣無關，而是單純認為人類的理性不發達。在大學部心理學導論的課堂上很可能會聽到教授說：亞里斯多德將人類定義為理性動物是大錯特錯。我們其實主要是情緒和直覺的生物；系統一有明顯優勢，系統二雖然是第二名但落後很多。也有學者認為系統一的優勢已經得到神經科學證實，實驗顯示大腦掌管情緒的區塊具主導地位，加上認知和社會心理學領域針對這個現象都有高質量的研究。當代心理學家談到佛洛依德常覺得尷尬，但會附和他對潛意識★的注重。

本書最後一章就要回應這套觀點，希望說服大家相信人類並非許多學者以為的那樣愚昧。此外，既然大家喜歡驚喜結局，我要來說說同理心的好話。

★譯按：原文 unconsiousness，中文可作「潛意識」或「無意識」。

# 我們的心智與大腦

對理性的第一炮來自神經科學。部分研究者主張心智奠基於物質，一切歸因於大腦活動，所以人性並非如理性主義者所想像。

這個年代要捍衛笛卡兒心物二元論很難。他認為人類心智與物質世界分離，思考並不存在大腦內。然而無論傳統的神經科學，或者更受歡迎的分支如認知神經科學、情感神經科學、社會神經科學都一樣，大量證據清楚呈現了大腦就是心智來源這個事實。很久以前就發現腦部特定區塊受損會妨礙對應的心智能力，像是失去道德判斷或意識經驗。近幾十年由於 fMRI 尖端技術可以產出漂亮的彩色掃描圖片，學者更容易確定物質如何左右思想。其實神經成像快要達到能夠判斷目標正在想什麼或夢到什麼的境界了！還堅持笛卡兒心物二元論的人這場仗會打得非常艱苦。

但是因此認為腦神經反應是研究心智唯一或說最好的途徑，則是一種誤解。打個比喻：我們的腸胃實實在在，沒人會提出腸胃二元論，瘋了才會從量子物理的角度來解釋消化不良。再來，汽車是原子構成的，不過要理解汽車如何運行必須瞭解高層次的結構如引擎、排檔、剎車等等，否則物理學家不就可以取代修車工人了嗎？最後一個類比更接近心理學：要知道電腦有什麼功能，看安裝的程式比起看物質成分要清楚得多。

（順帶一提，假如什麼都要從最細微的層次才能解釋清楚，那麼也不應該鑽研神經科學。「神經元」、「神經突觸」這些東西都是分子、原子、夸克等等組合而成的構造。）

根據邏輯，即使心智等於大腦，心理學也並非只能透過大腦來研究。以此類推，即使大腦經過演化，心理學也沒有非得和演化扯上關係；即使大家都要慢慢長大，學習心理學也不見得非要學習孩童發展。理所當然，好的心理學家應該要接受研究腦部、演化、人類發展之後得到的發現，但我們不能反過來將心理學局限在這些主題上。研究方法很多，尤其現實中很多心理學家的學術興趣和大腦沒什麼相關。

對此哲學和科學界有反對的聲浪，他們覺得心智奠基於物質這一點意義深遠，顯示所謂理性思考、自由選擇根本是幻覺。山姆・哈里斯的比喻非常生動，他說人類不過是「生物化學的傀儡」罷了。[5]

大衛・伊格曼（David Eagleman）舉出許多驚人案例佐證。[6] 一個故事發生在西元兩千年，維吉尼亞州一位原本很正常的男性忽然開始蒐集兒童色情影像、對尚未青春期的繼女做出逾矩行為，後來被送入矯治中心，卻因為對矯治人員和其他病患有猥褻言行而被趕走。進監獄的前一晚，他因劇烈頭痛就醫，醫師在他腦部找到一顆巨大腫瘤，手術切除以後他的性癖消失。幾個月以後性癖重現，再次掃描發現腫瘤復發，二度切除以後他又回復正常。

生物化學的傀儡論還有太多事例，用於治療帕金森氏症的藥物會引發病態的賭博行為，約會強姦藥會造成受害者一時像是機器人般順服，安眠藥導致服用者在睡夢中大吃或開車出門。

乍看之下這些例子有趣是因為很突兀，畢竟多數時間裡我們不會受到無法控制的因素影響。閱讀這本書的你，每個動作都符合物理定律，如果沒有被下藥、被槍抵著頭、長了改變行為模式的腦瘤，看書是你自己的選擇，背後有你自己的理由，不想看了就會停下來。

伊格曼則認為人類自以為的分別其實是假象。腫瘤男子並非特例，只是受到影響之後表現出的行為太突出。提及心理學和神經科學的交集，他想說：

「無法確定相對於基因和神經構成的你，意識上的那個你究竟有沒有或有多少主導權。」[7]

對此我不同意。在我眼中，精神分裂患者因妄想而施暴，與收錢行凶的殺手絕對不能一概而論。腦瘤男子與平常的性騷擾犯也完全不同。

但伊格曼有一點完全正確，那就是區隔並不在於腦神經引發的是反射動作，而深思熟慮則透過另一種途徑進行。兩者都發生在大腦，可是就連一些熟悉相關領域的評論者也被搞糊塗了。例如有個學者討論連環殺手時以音樂作為比喻，要大家想像人類本身是指揮家，而大腦是交響樂團。[8]就這種角度而論，表演出差錯的責任有可能在指揮、在樂團，或者兩者皆是——假如是樂團的錯，怪罪指揮就太不公平了。類似的還有「假如重大罪犯經過檢查發現腦部疾患，違法犯紀的行為至少有一部分是因為疾病而產生」，那麼要怪腦袋不要怪人！於是麥可·加扎尼加（Michael Gazzaniga）★書裡頭有一章叫做〈是腦袋叫我這麼做的〉。[9]

我認同伊格曼的說法，這種思考邏輯不正確。除非堅持笛卡兒的心物二元論（但實在沒有理由），否則心智就是大腦，並不存在無形指揮家藉由大腦實現自身意志。

★譯按：曾與斯佩里（Roger Wolcott Sperry）一起進行裂腦手術和腦半球研究。

相對的我提議另一個分辨標準，將腦瘤男子那類的人當作特例，因為他們的行為已經脫離正常神經機制的意識思考。判斷方法之一是觀察當事人脫離特殊情境、回到正常狀態的時候（摘除腫瘤、藥效退去之類），他們應當覺得原本的慾望或行動很怪異，不符合自身意志。相較之下，這些人在心智受到扭曲的時候對於威脅利誘比較不為所動，像腦瘤男子面對牢獄之災也不罷手，因為激發他特殊性癖的那部分心智脫離常軌，沒有連結到能夠思考行為長期後果的另一個部位。

正常情況下不應該出現脫軌的現象，而是經過一般稱之為「選擇」的心理過程，先思考行動的後果。選擇不是什麼神奇的事情，構成心智的腦神經完全符合思考與理性思維的需求——神經網絡中有負責分析各種不同選項、進行邏輯推論、對照類比與例證，以及最後對預期結果做出回應的各個部位。

我們可以想像有兩台電腦，其中之一的行為充滿亂數、沒有規律，從硬體結構上就不支援理性；另外一台專門為了精密計算、成本效益分析而打造。兩台都是機器，沒有靈魂，卻如此不同。心理學家需要回答的問題是：人類究竟是哪一種電腦？由於答案顯而易見是兩者兼具，那麼更進一步就得問：我們多大程度不理性，又多大程度能理性？

這是實證性的問題，必須透過實驗觀察來研究。神經科學或許能派上用場，可是心智的物質性和答案沒有直接關係，腦部掃描結果並不否定人是理性動物的觀點。

## 人類能夠批判自己，因此才有無窮可能性

換言之，人類可以理性，卻有很多心理學家聲稱他們的研究結果是我們辦不到。這是對理性的另一種攻訐。

讓我們先來看看社會心理學。有無數範例顯示人類受到意識控制之外的因素影響。[10] 一些研究發現飢餓程度、環境氣味、附近是否有什麼標示都會造成我們的判斷或行動的不同。想到超人會讓你比較願意挺身而出，想到教授會讓你在常識問答遊戲時表現得好些，在藍色的環境中會讓人比較有創意，就連坐在搖晃的椅子上也會讓人覺得關係比較脆弱。

以問卷對大學生進行政治傾向調查，發現相對於站在牆邊，站在洗手機旁會導致至少暫時性的保守態度。若房間有臭味，受訪者會變得比較無法認同男同性

戀。行經散發香氣的烘焙坊，大家願意換零錢給陌生人的比例較高。履歷放在大型帶夾寫字板上，求職者更容易受青睞。平時看來奉行平等主義的白人在看過黑人男性面孔的相片並給予時間壓力的話，誤認一般工具為槍枝的頻率會上升。投票地點設在學校，民眾會更傾向贊成用於補貼教育的營業稅。

有些轉變是短期的，但也有些不然。比方說有證據指向姓名和整個人生有關，《英國泌尿學雜誌》（*British Journal of Urology*）一篇文章的兩個作者分別是Splatt和Weedon★，這真的是巧合？還有另一位泌尿科專家叫做Dick Finder†。[11]或許就是這麼湊巧。但統計發現名叫賴瑞（Larry）的人容易成為律師（Lawyer），而蓋瑞（Gary）較傾向居住於喬治亞州（Georgia）——也就是說名字的第一個字母能對個人偏好產生微妙的影響。

種種例子顯示出人類的思想、行為和欲望都會受到意識控制之外的因素影響，而且其中沒有任何理性成分。座椅穩不穩和人的關係穩不穩，兩者毫無邏輯關聯。我叫做保羅（Paul），但這不該是我研究心理學（Psychology）的動機。然而如果我們想什麼、做什麼都和這種因素有關，真的很難相信人類有理性且可以慎思明辨。



★ 譯按：Splatt發音同splat，是液體濺灑的狀聲詞。Wee則有尿尿的意思。
† 譯按：Dick Finder若依口語直譯就是「找陽具的人」。

確實很多人已經絕望。強納森・海特試著從文獻中挖掘共識，他建議社會心理學研究應駁斥人類能控制自己決定的說法，[12]並將自我意識視為類似律師的角色，功能是為當事人已經做出的決定、行動提供正當理由加以辯護。以為理性是狗就誤會了，它只是尾巴。

雖然我尊重上面引述的社會心理學研究，而且有一部分還是我親自做出來的，但我不認同大部分人對研究結果的詮釋方式。

先注意一點：這些發現不夠可靠。近幾年社會心理學受到頗大質疑，因為他們無法再現之前的研究，也就是同樣實驗由另一批心理學家實行，得到的結果卻和原先預測不同。無法「再現」不代表學術詐欺，但有時候的確是作假。引發極高關注的例子是心理學家戴德里克・斯塔佩爾（Diederik Stapel），他的發表正好包含很多反直覺的結論（例如環境雜亂會增加歧視），後來卻發現資料數據是捏造的。[13]不過更值得注意的是學術常規問題，有人質疑這類發現是否因為反覆測驗加上不當的統計解讀而一再增強。

以前我指導過一個專題討論班，期末要求選課學生合作執行研究計畫，其中有一組選擇探索有關純潔與道德之間的有趣效應，這個主題是我之前一本書的內容，而且衍生出不少有趣的後續發展。反覆嘗試後，他們仍舊無法重現原本的實驗結果，於是選擇將再現失敗這個現象拿出來發表。[14]這個故事裡頭的不典型之處並非無法重現，而在於竟然發表了。根據學術慣例，做不出結果的計畫會被捨棄，可是訊息有可能透過非正式管道傳開，像是研討會、實驗室或者大型會議等等，於是我們得知什麼主題是太監研究★（「啊，沒人能重現那玩意兒」）。現在很多心理學家的態度是：如果某項研究得到的結論太難以置信，一陣子過後它遲早要消失。

當然並非所有心理實驗室的研究都是太監研究，有些發現強而有力、很好複製。即便如此都得面對另一個問題，也就是回歸到現實世界是否適用。統計上的顯著相關不代表實際上一定相關，受到控制的情境產生某種現象不代表真實生活也一樣。對求職履歷的印象因寫字板而改變，我們從中察覺原來物質環境能作用於社會評價。[15]有趣歸有趣，卻不代表履歷擺在什麼東西上面對現實中的徵才過程意義重大，通常還是應徵者的資歷、專業比較關鍵。就是這麼無聊。對同性戀的觀點會受到房間臭不臭左右，這現象佐證了噁心感與道德的相關理論──這是一個我有興趣的主題，也是我們團隊進行實驗的理由，[16]但現階段結果不足以對

★譯按：原文 vaporware，亦譯作「霧件」。七〇、八〇年代廠商流行以字尾 ware 來稱呼開發的軟硬體，但 vapor 則是霧氣（比喻無實質、會消散）的意思。中文則以「太監」諷刺「下面沒有了」這個特點。

應到真實生活的人際互動。

某些研究值得登上媒體，因為即使闡述的效應小卻能造成實質差異，遑論效應大的情況。一個好例子是以較小的盤子供餐，人就會吃得少。[17]這個發現代表更換餐具就足以達成減重目的。（本書居然還給大家飲食建議了。）

但另一方面，就算考慮最強烈、最鮮明的潛意識或非理性，我們也不能因此排除有意識且理性的思考過程確實存在。那種想法就好比知道鹽巴能調味，就以為世界上沒有別的調味料。

這個觀念常常遭到忽略，部分原因出在心理學領域的社會結構。每個人都喜歡有趣的東西，所以研究人員積極探索新奇、出乎預料的心智運作。人受到自以為無關的因素影響而改變對罪犯量刑的輕重，這個發現本身就很令人驚訝，自然會被頂尖學術期刊刊載，然後躍上大眾媒體。相對的，沒人在乎專家發現我們對刑罰的態度和罪行嚴重程度、罪犯前科紀錄有關，因為合情合理、算是常識。

再舉一個例子。心理學家設計了一個實驗，在 eBay 上拍賣棒球球員卡，不過分別請膚色黑與膚色白的人拿著商品拍照，結果顯示黑皮膚賣家的商品得到的出價低兩成。[18]作者認為這顯示種族偏見發生在真實世界的市場運作中，的確確有趣而且對社會是重要啟示。但同樣的，沒人費心研究卡片稀有程度、保存狀況與售價的關係，因為大家都知道這些因素會造成影響。即使我們確認了種族偏見的存在，並不代表其他基於理性的思考過程就因此消失或變得不重要。

那麼一些眾所周知的人類的非理性表現呢？[19] 一個例子是我們做決定時常常忘記基本比率（base rate）。假設你去醫院檢查自己是否罹患絕症，檢驗技術非常精準，只要得了這個病就一定會呈現陽性，但同時有百分之五的偽陽性比率，也就是其實沒有患病卻被驗出陽性反應——算起來，每二十個沒病的人，就有一個呈現偽陽性。

而你的篩檢結果是陽性。該擔心嗎？大部分人都覺得應該——百分之九十五的可能性，聽來令人膽寒。事實上真正的風險數字取決於基本比率，也就是全人口中總病患的比例。假設這個疾病是每千人中會發現一位病患，你還擔心嗎？實際罹病機率究竟多高？

大部分人還是認為機率相對高，可是真相僅只百分之二。將數據放大來看，假設接受檢驗的總共有兩萬人，那麼其中只有二十人是真的得病了並且檢驗為陽性，但同時其餘一萬九千九百八十沒事的人裡頭也有二十分之一看似陽性，約莫一千人。換算起來，總共有一千零二十個陽性結果，但其實才二十個人（約百分之二）真的得了絕症。仔細思考的話只是簡單的數學邏輯，然而大部分人不習慣。

再來看看：以ng結尾的單字多，還是以ing結尾的單字多？不少人會回答ing，因為腦袋裡湧出的都是那些字。可是回神想想就知道錯了，以ing結尾就一定會以ng結尾，兩邊充其量就是勢均力敵。我們傾向將容易聯想等同於數量多和可能性高，這種思考適合作為一種啟發法★，卻也會導致我們誤判。

最後一個例子。想像自己負責裁定一樁爭奪監護權的案子，關於雙親有下列參考資料：

甲的收入、健康狀況、工時各方面都很普通，與孩子的關係算正常，社交圈固定。

乙的收入高於平均，與孩子關係非常好，社交極其活躍，工作常常得出差，健康方面有些小毛病。

監護權該交給誰？不該交給誰？或許沒有正確答案，但能肯定一點：標準不該有差異。也就是說，現在只有兩個人選，一個人能得到監護權、另一個不



★譯按：根據有限知識或不完整訊息在短時間內找出解決方法的技術。

行，所以兩個問號只是同一個問題——同意或否決甲的理由，也要套用在乙的身上，反之亦然。

不過多數人是採另一種思考方式，給或不給監護權兩個狀況都傾向回答乙。一種解釋是人類傾向參考與問題直接相關的資訊，所以問到誰適合當監護人時會尋找適合的條件而認為是乙（收入、與孩子關係較好），問到誰不適合當監護人的時候也尋找不適合的條件而判斷是乙（社交、出差、健康）。自相矛盾且不符合理性，這個狀況下的非理性會改寫別人的生命。

類似情境非常多，心理學上有關「捷思法與認知偏誤」的文獻提供很多案例，且不同於社會心理學，都是確定的現象，所以頻繁出現在心理學課堂上，也能用來作為聊天材料，可謂心理學家版本的酒吧搭訕技巧。

人類心靈存在這些「程式漏洞」[20]並不奇怪，我們的生理結構注定會有不理性的狀況，而且凡夫俗子總是可能犯錯。非理性和視幻覺有點類似——視覺是另一個經過演化後能在特定狀況下處理複雜資訊的生物系統，但厲害的科學家便能利用自然界找不到的影像欺騙人類視覺。同樣的，我們碰上統計學的可能性、抽象的情節便容易混亂，因為人類在演化過程中需要判斷的大都是事件發生的頻率，於是心智也朝這個方向演進。

不久前約翰・麥克納馬拉（John Macnamara）點出種種理性失靈的狀況對於人類心智而言有兩個重要意義。[21]最明顯的當然是變得非理性，我們的思考受到局限、會犯錯。但同時也呈現出其實我們有智慧可以超越偏誤，否則我們怎麼會意識到那些想法不對呢！經過反思，我們理解到基本比率扮演什麼角色，ing結尾的單字不可能比ng結尾的單字更多，還有監護權給誰與不給誰本質上是同一件事。聽到三分之一磅牛肉堡的故事很多人會搖頭歎息，暗忖怎麼有那麼多傻瓜，甚至懷疑其真實性而只當笑話轉述給別人聽。換言之：每當人類不理性成為案例，也就同時反映出我們足夠聰明，沒有足夠智慧的話根本連那叫做非理性都無法察覺才對。

本書絕大多數內容正是試圖呈現這個道理。眾多例證之一：沒錯，人類就是傾向偏袒外表好的人多過外表差的人。我們應該要知道自己的心理會這麼運作，同時意識到如果事涉道德就不該以外貌為決定標準。無論社會行為、邏輯、道德，人類能夠批判自己各方面的缺失，也因此才有無窮無盡的可能性。

## 理智和理性的必要

到目前為止都是辯護，試著解釋為什麼神經科學、社會心理學、認知心理學的理論與證據不能肯定人類在日常生活中根本沒有理性。但我還沒有從正面說明理性的優點，以及邏輯和智能對大家有什麼意義。現在就來看看。

想想最平凡最世俗的那些活動。渴了，我們不會只是在座位上蠕動，任憑無意識的衝動和環境刺激擺布，而是擬定計畫並加以執行。起身，拿杯子，走到水槽，轉開水龍頭。看似尋常，卻超過現今任何電腦所能及，因此迄今尚未出現機器僕人。人類每天的生活都需要規畫和實行複雜、多階段的計畫，而這個世界的容錯率並不高（開車不加油或沒穿衣服上班試試看）。維繫關係、工作和事業所牽涉的範圍更廣，需要超凡的認知技能。

倘若質疑理性在生活中的地位，不如先看看理性較低的人。智能障礙者和腦部傷患需要別人照顧，因為他們無法照顧自己。設想如果你自己或身邊的人即將罹患阿茲罕默症，你願意付出多大代價交換一顆解藥。思考一下那些患者多依賴別人。腦部沒有問題的人在某些時候也會理性不足，像是年紀太小或者喝醉了，於是我們的社會基於正當理由禁止處於這類狀態的人做出重大決定。

不過理性是一個細微的梯度概念。美國與很多國家一樣對駕駛、從軍、選舉、飲酒都設下年齡限制，甚至想要出任總統需要更長的年紀。這種規範來自一種假設：某些核心能力，包括所謂睿智，需要足夠時間來成熟。

有人主張門檻效應：理性超過一定水準就夠了。不少學者這麼說，但正如史迪芬・平克所形容，現實非常諷刺，「學術界本身對智力彷彿走火入魔般重視。招生、聘用教職員，特別是私下評論別人時，都要扯到這件事。」[22]某些領域特別強調天才，對於突出的個體如愛因斯坦或艾狄胥・帕爾（Paul Erd s）這種太過聰明永遠難不倒的人推崇備至。

然而智力具有報酬遞減性質。智商一二〇與一百（平均值）做比較，以及智商一四〇與一二〇做比較，前面那組的實際差異比後者來得大。而且超過門檻以後，其他能力會比智力更重要。大衛・布魯克斯（David Brooks）說社會心理學「提醒大家情緒相對於純粹的理性、社會連結相對於個人選擇、性格相對於智商的重要性。」[23]麥爾坎・葛拉威爾（Malcolm Gladwell）則認為高智商沒有意義，「假如我有魔力，」他說：「能讓你的智商增加三十，你一定會答應，對吧？」[24]

但他接著說根本沒必要，因為超過基本門檻以後智商再高都沒差別。

布魯克斯與葛拉威爾探討成功的決定性因素，兩人的目標並非抨擊智商，而是呼籲大眾重視其他條件。布魯克斯推廣情緒和社交技能，葛拉威爾則認為權變因素（contingent factors）如家庭背景與出生的時間地點特別重要。他們的觀點沒錯，主張理性對人類極重要不代表其餘不重要。

而智商無論如何有其地位。[25]如果只能給孩子做一種心理計量測驗來預測未來，智商是個可靠的選項。智力測驗成績和各種好結果成正比，包括工作表現穩定、不會坐牢、心理健康、有穩定圓滿的人際關係、甚至壽命比較長。很久以前有人說過「智力測驗就只是看人多擅長智力測驗而已」這種話，現在沒人把這話當真。

憤世嫉俗的人提出質疑，覺得社會過度迷戀智商。畢竟在美國要進入一流大學就讀的前提幾乎等於SAT（Scholastic Assessment Test，學術評估測試）拿高分，而SAT基本上就是智力測驗（SAT分數與標準智商測驗的正相關極高）。也有評論家說過：只要規定頂尖大學一定得招收紅髮的人，過不了多久就會有人發現紅髮與高收入、高地位等等好現象有正相關……然後心理學家會告訴大家紅髮多麼重要。

問題在於智商和成功之間的關係並非人為，大學重視測驗成績也不是偶然。智商反映出思考速度和抽象思維，為何這種能力有助於學術研究、是好的特質、影響到人生各種層面，其實不難理解。

事實上，智商不只與成就相關，也連結到行為。高智商的人較少暴力犯罪（在收入之類條件相等的前提下），監獄內外的智商差距也不小。亦有研究發現高智商的人合作精神強，推測原因是智力有助於理解合作的長期益處和其他人的觀點。

我必須強調這些敘述是建立在「平均」表現上。智力突出不保證行為良好，艾瑞克・史瓦茲蓋伯（Eric Schwitzgebel）和約書亞・盧斯特（Joshua Rust）做了一系列令人印象深刻（且充滿娛樂效果）的研究，結論是儘管大眾認為道德哲學教授對是非的理解應該特別深刻，但事實上他們的道德表現沒有比其他類別的學者來得高，至少日常生活裡看不出來。[26]他們沒有更常問候母親、沒有做更多慈善、甚至沒有比別人更記得將書歸還給圖書館等等。

也的確有所謂邪惡天才。人要為惡，智力會是最有效、最危險的工具。先前提到社會智能、也就是認知同理心時已經有所闡述，不過還可以做更廣泛的探討。智力是達成目的的工具，如果目的是好的，也所幸大部分人的目的都是好的，智力能使我們成為更好的人。然而善的背後需要動機，需要我們在意他人、重視他人的生命。

從這種角度來看，理性與合乎理性尚不足以讓人成為知善行善的人。但我仍舊主張理性的必要，而且一般來說越多越好。

理性並不等於智能。前面提到若要判斷孩子長大後會是怎樣的人，智力測驗是非常好的指標。不過其實更有效的指標是自制。自制可說是純粹的理性化身，它在腦部系統（額葉，位於額頭後方）負責約束衝動、非理性和情緒性的欲望。沃爾特．米歇爾（Walter Mischel）在一連串研究中觀察孩童能否克制自己，現在不吃一顆棉花糖的話待會兒可以吃兩顆。[27]後來發現能得到兩顆棉花糖的孩子學業表現較好、青少年時期 SAT 成績理想、心理較健康、人際關係品質佳、成年後收入高。之前提到過心理變態的研究，發現暴力犯罪與自制力低落有關，同樣值得注意的是研究也發現特別無私的人自制力也異常強，願意捐腎給陌生人的類型正是如此。[28]

史迪芬．平克認為高自制力不僅對個體有益，重視自制的文化也利於社會。[29]歐洲從中古時代進入現代以後命案比例降低三十倍之多，他的詮釋是文化從重視榮譽轉變為重視尊嚴，而尊嚴來自約束自我。

老調重彈：以上種種無意貶低憐憫、仁慈等等特質，社會應該朝此方向教育下一代，建構文化時要重視並獎勵好的人格。但只有這些還不夠。想讓世界更好，需要大眾更聰明、更自制，這兩個特質會帶來成功與快樂人生，也是良好且有道德的人生。

我沒有提出什麼新的見解。這幾頁的內容其實都出自亞當．斯密《道德情操論》，想想看他認為對人類最有用的素質是什麼。[30]有兩個，而且與情感、情緒或道德之類的都沒關係。答案是「出色的理性與理解力」和「自我控制」。

理性與理解力很重要，因為我們必須推敲自身行動在未來的結果。不夠聰明、不知道什麼行為與目標一致自然無法改善世界。斯密所謂的自我控制（self-command）在現代稱為自制（self-control），透過克制才能避免見小利則大事不成的窘境。

# 思考、表述、接受、改變

在生活的某些層面上人類看起來確實愚蠢，例如政治。社會心理學家常常以政治上的非理性態度來解釋我們的思維盲點。

政治方面的非理性看似強烈，一來是政治話題會影響到我們認知的事實，譬如某些人相信歐巴馬出生於肯亞、九一一事件其實是小布希的策畫等等。我妻子前幾天就在臉書上看到高中同學貼文警告：總統決定拿掉紙幣上「我們信靠上帝」（In God We Trust）這句話。消息來源是線上雜誌，她和許多人卻毫無懷疑信以為真，而且這不是單一事件。

理性在政治領域似乎特別貧乏。喬佛瑞．柯恩（Geoffrey Cohen）做了一系列研究，結果相當驚人。[31]研究人員告知受試著即將實行一個福利方案，描述時或說得到共和黨背書，或說得到民主黨背書，接著詢問他們是否同意。有些受試者聽到的福利極為優渥，有些則聽到特別苛刻的版本。結果內容並不重要，關鍵還是在政黨：民主黨支持者就支持民主黨提出的方案，共和黨支持者則支持共和黨提案。受試者並未意識到自己的偏見，研究人員探問背後考量為何，他們都堅稱與黨派無關，而是就事論事。

還有研究發現一旦人被要求解釋自己的政治立場為何合理時，即使認同感十分強烈依舊會有許多人說不出個所以然。[32]比方說常有人自稱支持排汙交易或者單一稅率，實際上卻不是很清楚政策內涵是什麼。

看起來很傻，但有另一種詮釋角度。的確，某些政治態度或信念並非思考而來，不過或許本來就不應該。看看運動賽事的粉絲們，支持紅襪隊或洋基隊不需要理智、也不應該理智，球迷只是對球隊忠誠罷了。說不定同樣理由能用於大眾對健保、全球暖化之類議題的態度。他們心裡不一定有條理分明的結論，單純就是「贊成」或「反對」。由此觀之，批評別人對全球暖化的認知不是基於事實就搞錯了重點，就像因為紅襪隊連著幾個賽季表現不佳就嫌棄紅襪的球迷。

政治立場和觀賞運動賽事都有個有趣的性質：它們本身其實不重要。假如我弄錯了煎蛋的方法，蛋會變得太乾。假如我弄錯了日常應有的道德，會傷害到我愛的人。但如果我認為另一個政黨的領導人和豬上床，或者完全搞砸了與伊朗的軍火交易，除非身在某個有權勢的精英圈內，不然自己怎麼想對世界沒有實質意義。單一稅率、全球暖化、甚至演化也一樣，認知是否建立在事實上無所謂，因為事實是什麼根本不影響生活。

寫下這段話我心裡很沮喪，因為我個人的道德價值觀認為縱使無法造成實質改變，大家還是應當盡量追求正確的決定。要是我兒子以為人類的祖先騎過恐龍，我會覺得很糟糕，儘管這件事情的意義小得不能再小。倘若他因為自己的政治立場就相信荒謬的說法，我也同樣覺得難過。每個人都該追求真實。

不過這是個人見解，不能要求別人接受。我想強調的反倒是面對政治議題時，人類沒有尋求正確資訊未必代表理性的缺陷，只是反映出大眾對政治的理解，不在乎真相是因為真相沒那麼重要。

然而賭注變大的話，人類的表現就截然不同，也意識得到理性有多重要。倘若我們以面對政治的思考模式來處理日常生活，恐怕早晨都不願意下床。只問立場不問是非的情境觀察不出人類理性。看看我們如何應付生活：成年人討論該不該買房子、找什麼工作、孩子讀什麼學校、怎麼安置年邁父母。看看朋友群如何決定用餐地點、計畫出遊、幫忙剛生小孩的人。甚至可以看看政治的另一面——有些政治場域內個人能夠造成改變，例如市民大會上所有人都能參與討論，對分區規畫、何處需要設立禁行標誌提出建議。

我的主觀經驗裡，在這些情境下理性表現的比例相當高。一旦人意識到自己進入了真正的決策過程就會開始運用理性思考，做出論述、表達意見、也接納別人的想法，有時候還願意改變立場。

回頭看看有效利他主義者。彼得・辛格察覺到他們在解釋自己行為時，言語中的理性成分多於濃烈情感或情緒衝動。札爾・克洛文斯基說過多數人不能理解他為何捐腎是因為「不懂數學」。[33]另一位有效利他主義者發文說：「數字使我無私。我得知自己每個月高昂的健身房會員費（我根本不想提那金額）就能助人免於失明之苦，唯一念頭就是『我怎麼這麼晚才想到』。」[34]

有效利他主義者或許不尋常，可是每個人都具備同樣的邏輯思考能力。社會心理學家說對一點，某些道德直覺無法用合不合理來分析，但就像我在《只是嬰兒》一書中主張過的：那些是特例。酒後駕車不對、男女同工就該同酬、看到拄著拐杖的人要幫他扶著門，很多事情我們判斷時沒有猶豫，根據我們對於傷害、公平、良善的基本關心就能知道要怎麼做。[35]

遇上更困難的問題時我們更會思索——反覆琢磨、仔細推敲。我們和家人朋友也會探討最尋常的道德問題，例如支不支持罷工？要不要施捨遊民？剛喪偶就找人約會妥當嗎？同事借了錢卻不打算還怎麼辦才好？

本書很前面提到過，道德上的理性能力能造就巨大改變。史迪芬．平克、羅伯特．懷特（Robert Wright）和彼得．辛格等學者指出人類道德觀的範圍隨歷史演進不斷擴大：我們對於女權、同性戀、弱勢族群越來越包容。[36] 近年來我所屬的社群看待跨性別的角度也煥然一新。道德此時此刻正在進步。

進步的動力並非人類隨時間演進而逐漸敞開心胸，我們的同理心沒有比祖先們更強，也永遠不會將陌生人都當作家人看待。我們之所以願意關懷其他人，反映出大家能理解無論自己是什麼感受，別人的命和親人的命都是生命、價值相等。史迪芬．平克說得很好：

> 舊約聖經要我們愛自己的鄰人，新約聖經要我們愛自己的敵人。乍看之下傳遞的道德觀念是：愛鄰人，愛敵人，別殺害他們。但其實我無法真正愛鄰人，更別說敵人。那麼換個方式看：別殺害鄰人與敵人，即使你不愛他們……擴大的不是同理心，而是權利——我們願意保障其他生命，無論多麼遙遠、多麼不同都能免受傷害和剝削。[37]

亞當・斯密說得更好。他問為何明明覺得自己的事情要緊得多，我們還要關心陌生人？答案是：「不是人性柔軟的一面，不是大自然在人心中點燃善意的火苗，抑制我們愛護自己這種最強烈的衝動。有個更大的力量、更強的動機在那些場合作用於我們。是理性，原則，良知，在胸中和身體裡的那個人，會對我們的言行做出最終的審判與裁決。」[38]

本書進入尾聲，我擔心大家以為我反對同理心。

我是反對，不過僅限於道德層面，而且從不否認同理心有時候也能導致美好結果。一開始我就說過，我同意同理心能催動善念，而善念使世界更美好。即使同理心催生出暴力和戰爭也有可能是好事；有些事情比暴力、戰爭還要可怕，而因同理心而起的報復或許會導引世界朝好的方向發展。我對同理心的顧慮並非其結果絕對不好，而是負面大於正面，加上我們可以有更好的選項。

再者，同理心對生活的意義更甚於道德，它是很多樂趣的源頭。最顯而易見的是我們可以感受別人的喜悅，我在其他文章提過有了小孩之所以快樂，原因之一在於：可以重溫已經麻木的體驗，不論吃冰淇淋、看希區考克電影、坐雲霄飛車，彷彿又是第一次。同理心還放大友誼與群體、運動與遊戲、愛情與性所帶來的愉悅。並非只有同理正面感受有意義，透過另一個人的角度觀察世界是種嶄新視野，即便那個人處於困苦。

多數人很好奇別人的生活。模擬別人的感受既有趣也能改造自己。

人類的同理欲望，或者更廣義來看對「故事」的愛好，有很多值得探討之處，但那可以獨立為另一本書了。

# 致謝

早在二〇〇一年我與學生大衛・皮薩羅（David Pizarro）撰寫短文探討理性、情緒和道德決策的關係時，我就已經開始思考本書的議題，不過直到十年後參加紐約大學舉辦的會議才開始針對同理心著手。演講結束、開放討論，杰西・普林茲教授提出同理心不適合作為道德指標、人類放棄同理心會更好這種論點，當時我覺得莫名其妙並直接這麼告訴他。想當然耳，現在我改變了立場。

過去幾年我發表了一系列文章闡述自己對於同理心的看法。首先感謝幾位厲害的編輯給我機會刊登，包括《紐約客》的 Henry Finder、《波士頓評論》的 Deborah Chasman、《大西洋雜誌》的 Scott Stossel 與 Ross Andersen，以及《紐約時報》的 Peter Catapano。與學界讀者的交流也惠我良多，尤其感激莎拉・珍・萊絲莉（Sarah-Jane Leslie）安排為期一週的普林斯頓哲學系參訪行程，以及伊蓮・史蓋瑞邀我參加哈佛人文研討會。此外，與山姆・哈里斯的一系列線上討論，以及數次與好友大衛・皮薩羅、譚姆勒・索莫斯（Tamler

Sommers）在播客節目《好壞的巫師》（*Very Bad Wizards*）討論同理心，也都是獲益匪淺的經驗。

時機成熟，我決定將自己對同理心的批判彙整成書，優秀的經紀人 Katinka Matson 實現了這個計畫。第一位編輯 Hilary Redmon 相當積極，很可惜她離職前往其他出版社，所幸接手的 Denise Oswald 也十分熱心支持，是位不可多得的聰慧編輯。

草稿經過研究室內大學部、碩博班學生及博士後的同儕們試讀，大家給了我深具建設性且切中要害的評語。（補充一點，如果還有人想寫反對同理心的書，請先做好常常被開玩笑和捉弄的準備。我的學生們可就禁不住誘惑。）在此感謝 Adam Bear、Joanna Demaree-Cotton、Ashley Jordan、Jillian Jordan、Matthew Jordan（三個都姓 Jordan，但沒有血緣關係，是不是很奇妙）、Kelsey Kelly、Gordon Kraft-Todd、Julia Marshall、Nick Stagnaro、Nina Strohminger。特別謝謝 Mark Sheskin、Christina Starmans 兩位，他們看完全書提供的心得極其細膩。

要感激的人還有很多。自己學識不夠，還好有貴人相助。我向朋友、同事、以及不少陌生人請教了對於心理變態、情感神經科學、女性主義哲學、佛教、醫學訓練、政治心理學等各方面意見，若有疏漏容我先說聲抱歉。我想要感謝的有：Dorsa Amir、Arielle Baskin-Sommers、Daniel Batson、Daryl Cameron、Mary Daly、José Duarte、Brian Earp、Owen Flanagan、Michael Frazier、Deborah Fried、Andrew Gelman、Tamar Gendler、Adam Glick、Jonathan Haidt、Paul Harris、Sam Harris、Gregory Hickok、Leslie Jamison、John Jost、Frank Keil、Rachel Klayman、Sara Konrath、Marianne LaFrance、Joshua Landy、Scott Lilienfeld、Larissa MacFarquhar、Megan Mangum、Kate Manne、Abigail Marsh、William Meadow、Gregory Murphy、Laurie Paul、Steven Pinker、David Pizarro、Jesse Prinz、Matthieu Ricard、Elaine Scarry、Peter Singer、Paul Slovic、David Livingstone Smith、Elliot Sober、Tamler Sommers、Jason Stanley、Jason Wright、Robert Wright、Jamil Zaki。

收尾階段還得到 Brenda Woodward 在校對編輯方面的諸多幫忙。

最後以家人作結。我很幸運有許多親戚，無論血親或姻親，他們不斷鼓勵、提醒我別嚴肅過頭。其中最值得一提的，也是我認識的人裡最聰明又最善良的，就是我的岳母 Lucy Wynn。

我的前三本書主題都是關於兒童發展，因此一些故事來自我兒子 Max 和

Zachary 的嬰幼兒時期，像是他們最先說出的字詞、覺得噁心的東西、美勞作品、道德判斷和行為。現在孩子們長大了，以不同方式參與我的工作，提供研究想法、新穎理論，也是討論與辯論的好夥伴，兩人也都進入了本書成形的過程。他們對道德和政治很感興趣，父子之間話題不斷，對我的觀點造成深遠影響。

至於妻子 Karen Wynn 並沒有幫我校稿，沒有因為我在書房打字就要幫傭安靜，也沒有見我為了註腳焦頭爛額就走過來安撫。我們不是這種相處模式。可是她使我的人生完整，寫這本書的幾年裡隨我冒險、給我陪伴與愛。有這麼一個精力旺盛、聰明伶俐的伴侶，我覺得自己很幸運。很想將這本書獻給她，可惜已經先答應我妹妹了。

# 原文注釋

## 前言

1 **"learn to stand"** Barack Obama, Remarks by President Obama in Address to the United Nations General Assembly, New York, September 21, 2011. Retrieved from Mark Memmott, "Obama Urges Israel, Palestinians to 'Stand in Each Other's Shoes,'" Two-Way Breaking News from NPR, September 21, 2011, http://www.npr.org/sections/thetwo-way/2011/09/21/140663207/live-blog-obama-addresses-un-general-assembly.

2 **As Frans de Waal puts it** Frans De Waal, *The Age of Empathy: Nature's Lessons for a Kinder Society* (New York: Broadway Books, 2010).

3 **As Jonathan Haidt argues** Jonathan Haidt, "The Emotional Dog and Its Rational Tail: A Social Intuitionist Approach to Moral Judgment," *Psychological Review* 108 (2001): 814–34. For a more recent exploration of these views, see Jonathan Haidt, *The Righteous Mind: Why Good People Are Divided by Politics and Religion* (New York: Vintage Books, 2012).

4 **"We celebrate rationality"** Frans De Waal, *Primates and Philosophers: How Morality Evolved* (Princeton, NJ: Princeton University Press, 2009), 56.

5 **In fact, my last book** Paul Bloom, *Just Babies: The Origins of Good and Evil* (New York: Crown Publishers, 2013).

6 **damage to parts of the brain** For a classic discussion, see Antonio R. Damasio, *Descartes' Error* (New York: Random House, 2006).

7 **recent studies by my colleague** For example, David G. Rand, Joshua D. Greene, and Martin A. Nowak, "Spontaneous Giving and Calculated Greed," *Nature* 489 (2012): 427–30.

8 **"Your haters are your"** Fredrik deBoer, "the future, Mr. Gittes!" May 10, 2015, http://fredrikdeboer.com/2015/05/10/the-future-mr-gittes.

## 第一章　都是同理心惹的禍？

1 **Robert Jay Lifton . . . talks** Robert Jay Lifton, *The Nazi Doctors: Medical Killing and the Psychology of Genocide* (New York: Basic Books, 2000).

2 **nine different meanings** C. Daniel Batson, *Altruism in Humans* (New York: Oxford University Press, 2011).

3 **"from yawning contagion"** Jean Decety and Jason M. Cowell, "Friends or Foes: Is Empathy Necessary for Moral Behavior?" *Perspectives on Psychological Science* 9 (2014): 525.

4 **"nearly as many definitions"** Frederique De Vignemont and Tania Singer, "The Empathic Brain: How, When and Why?" *Trends in Cognitive Sciences* 10 (2006): 435.

5 **"place ourselves in his situation"** Adam Smith, *The Theory of Moral Sentiments* (Lawrence, KS: Digireads.com, 2010), 9.

6 **"persons of delicate fibres"** Ibid., 10.

7 **"My grandmother would have"** John Updike, *Getting the Words Out* (Northridge, CA: Lord John Press, 1988), 17.

8 **"empathy kicks"** Nicholas Epley, *Mindwise: Why We Misunderstand What Others Think, Believe, Feel, and Want* (New York: Vintage Books, 2014), 44.

9 **"to see the world"** Barack Obama, Xavier University Commencement Address, New Orleans, Louisiana, August 11, 2006, http://obamaspeeches.com/087-Xavier-University-Commencement-Address-Obama-Speech.htm.

10 **"Here is a sample"** Steven Pinker, *The Better Angels of Our Nature: Why Violence Has Declined* (New York: Penguin Books, 2011), 571–72.

11 **everything Barack Obama has said** *Center for Building a Culture of Empathy*, http://cultureofempathy.com/Obama/VideoClips.htm.

12 **"Behind every progressive policy"** George Lakoff, *The Political Mind: A Cognitive Scientist's Guide to Your Brain and Its Politics* (New York: Penguin Books, 2008), 47.

13 **"leap to global empathic"** Jeremy Rifkin, "'The Empathic Civilization': Rethinking Human Nature in the Biosphere Era," Huffington Post, March 18, 2010, http://www.huffingtonpost.com/jeremy-rifkin/the-empathic-civilization_b_416589.html.

14 **"Can we reach biosphere consciousness"** Jeremy Rifkin, *The Empathic Civilization: The Race to Global Consciousness in a World in Crisis* (New York: Penguin Books, 2009), 616.

15 **"The scariest aspect"** Emily Bazelon, *Sticks and Stones: Defeating the Culture of Bullying and Rediscovering the Power of Character and Empathy* (New York: Random House, 2013), 55.

16 **"a crisis of empathy"** Andrew Solomon, *Far from the Tree: Parents, Children and the Search for Identity* (New York: Simon and Schuster, 2012), 6.

17 **"empathy erosion"** Simon Baron-Cohen, *The Science of Evil: On Empathy and the Origins of Cruelty* (New York: Basic Books, 2012), 6.

18 **"I do not ask"** Walt Whitman, *The Complete Poems* (New York: Penguin Classics, 2004), 102.

19 **these empathic prompts occur** Martin L. Hoffman, *Empathy and Moral Development: Implications for Caring and Justice* (New York: Cambridge University Press, 2001).

20 **as Jesse Prinz and others** Jesse Prinz, "Is Empathy Necessary for Morality," in *Empathy: Philosophical and Psychological Perspectives*, eds. Amy Coplan and Peter Goldie (New York: Oxford University Press, 2011).

21 **"'empathetic correctness'"** Karen Swallow Prior, "'Empathetically Correct' Is the New Politically Correct," *The Atlantic*, May 2014. http://www.theatlantic.com/education/archive/2014/05/empathetically-correct-is-the-new-politically-correct/371442.

22 **arguments against trigger warnings** Greg Lukianoff and Jonathan Haidt, "The Coddling of the American Mind," *The Atlantic*,

September 2015, 42–53, http://www.theatlantic.com/magazine/archive/2015/09/the-coddling-of-the-american-mind/399356.

23 **Batson and his colleagues** C. Daniel Batson et al., "Immorality from Empathy-Induced Altruism: When Compassion and Justice Conflict," *Journal of Personality and Social Psychology* 68 (1995): 1042–54.

24 **Leslie Jamison, author of** Jeffery Gleaves, "Six Questions: *The Empathy Exams: Essays,* Leslie Jamison on Empathy in Craft and in Life," *Harpers*, March 28, 2014, http://harpers.org/blog/2014/03/the-empathy-exams-essays.

25 **"Kravinsky is a brilliant man"** Peter Singer, *The Most Good You Can Do* (New Haven, CT: Yale University Press, 2016), 14.

26 **"a brave comrade"** Amy Willis, "Adolf Hitler 'Nearly Drowned as a Child,'" *Telegraph*, January 6, 2012. Thanks to Dorsa Amir for pointing this out to me.

27 **the gap between consequentialism** For an ambitious attempt to reconcile different moral theories, see Derek Parfit, *On What Matters* (New York: Oxford University Press, 2011).

28 **toll from these mass shootings** For a detailed analysis of the statistics of mass shootings in America, see Mark Follman, Gavin Aronsen, and Deanna Pan, "US Mass Shootings, 1982–2016: Data from Mother Jones' Investigation," December 28, 2012, http://www.motherjones.com/politics/2012/12/mass-shootings-mother-jones-full-data.

29 **The town was inundated** Kristen V. Brown, "Teddy Bears and Toys Inundate Newtown," *Connecticut Post*, December 17, 2012, http://www.ctpost.com/local/article/Teddy-bears-and-toys-inundate-Newtown-4150578.php.

30 **"Nothing to it"** Annie Dillard, *For the Time Being* (New York: Vintage Books: 2010), 45.

31 **Yet the program may have** For a study of the consequences of the Massachusetts furlough program, see Massachusetts Department of Correction, "The Massachusetts Furlough Program," May 1987, http://www.prisonpolicy.org/scans/MADOC/Furloughpositionpaper.pdf.

32 **many legal decisions turn on** Thomas Colby, "In Defense of Judicial Empathy," *Minnesota Law Review* 96 (2012): 1944–2015.

33 **Or take bullies** Jon Sutton, Peter K. Smith, and John Swettenham, "Bullying and 'Theory of Mind': A Critique of the 'Social Skills Deficit' View of Anti-social Behaviour," *Social Development* 8 (1999): 117–27.

34 **"'You are afraid' . . . 'Do you remember'"** George Orwell, *1984* (New York: Signet Classics, 1950), 257 and 271.

35 **"We can't feel compassion"** Lynn E. O'Connor and Jack W. Berry, "Forum: Against Empathy," *Boston Review*, August 2014, http://bostonreview.net/forum/against-empathy/lynn-e-oconnor-jack-w-berry-response-against-empathy-oconnor.

36 **"affective empathy is a precursor"** Leonardo Christov-Moore and Marco Iacoboni, "Forum: Against Empathy," *Boston Review*, August 2014, https://bostonreview.net/forum/against-empathy/leonardo-christov-moore-marco-iacoboni-response-against-empathy-iacoboni.

37 **"Reason," David Hume famously** David Hume, *A Treatise of Human Nature* (Oxford: Oxford University Press, 1978), 415.

38 **"it is not that feeble spark"** Adam Smith, *The Theory of Moral Sentiments* (Lawrence, KS: Digireads.com, 2010), 95.

39 **article by Peter Singer** Peter Singer, "Famine, Affluence, and Morality," *Philosophy and Public Affairs* 1 (1972): 229–43.

40 **"Nobody would buy a soda"** Larissa MacFarquhar, *Strangers Drowning: Grappling with Impossible Idealism, Drastic Choices, and the Overpowering Urge to Help* (New York: Penguin Press: 2015), 44.

41 **study by Abigail Marsh** Abigail A. Marsh et al., "Neural and Cognitive Characteristics of Extraordinary Altruists," *Proceedings of the National Academy of Sciences* 111 (2014): 15036–41.

42 **"For every *Uncle Tom's Cabin*"** Joshua Landy, "Slight Expectations: Literature in (a) Crisis" (unpublished manuscript, Stanford University, n.d.).

43 **"The good news is"** Ibid.

44 **Michael Lynch defines reason** Michael P. Lynch, *In Praise of Reason: Why Rationality Matters for Democracy* (Cambridge, MA: MIT Press, 2012).

45 **"morality is, at the very least"** James Rachels and Stuart Rachels, *The Elements of Moral Philosophy* (New York: McGraw Hill, 1993), 19.

## 第二章　同理心的魔法

1 **people are nicer** For example, Kevin J. Haley and Daniel M.T. Fessler, "Nobody's Watching? Subtle Cues Affect Generosity in an Anonymous Economic Game," *Evolution and Human Behavior* 26 (2005): 245–56; Melissa Bateson, Daniel Nettle, and Gilbert Roberts, "Cues of Being Watched Enhance Cooperation in a Real-World Setting," *Biology Letters* 2 (2006): 412–14.

2 **Even for children** For a review, see Joseph Henrich and Natalie Henrich, *Why Humans Cooperate: A Cultural and Evolutionary Explanation* (New York: Oxford University Press, 2007).

3 **In a typical study, Batson** For a review, see C. Daniel Batson, *Altruism in Humans* (New York: Oxford University Press, 2011).

4 **The question I dread most** The discussion here is adopted from my online article "Where Does It Happen in the Brain?" EDGE Conversations, "What's the Question About Your Field That You Dread Being Asked?" March 28, 2013, https://edge.org/conversation/whats-the-question-about-your-field-that-you-dread-being-asked.

5 **"an empathy circuit"** Simon Baron-Cohen, *The Science of Evil: On Empathy and the Origins of Cruelty* (New York: Basic Books, 2012), 40.

6 **lab of Giacomo Rizzolatti** The first report of this research was Giuseppe Di Pellegrino et al., "Understanding Motor Events: A Neurophysiological Study," *Experimental Brain Research* 91 (1992): 176–80; the first article in which the term *mirror neuron* was used was Vittorio Gallese et al., "Action Recognition in the Premotor Cortex," *Brain* 119 (1996): 593–609. For a general discussion and review, see Marco Iacoboni, *Mirroring People: The New Science of How We Connect with Others* (New York: Macmillan, 2009).

7 **what DNA did** V. S. Ramachandran, "Mirror Neurons and Imitation Learning as the Driving Force behind 'The Great Leap Forward' in Human Evolution," June 1, 2000, Edge Video, transcript at https://www.edge.org/3rd_culture/ramachandran/ramachandran_index.html.
**"tiny miracles"** Iacoboni, *Mirroring People*, 4.

8 **Gregory Hickok notes** Gregory Hickok, *The Myth of Mirror Neurons: The Real Neuroscience of Communication and Cognition* (New York: W. W. Norton, 2014).

9 **they have been overhyped** In addition to Hickok's book, see Steven Pinker, *The Better Angels of Our Nature: Why Violence Has Declined* (New York: Penguin Books, 2011); Alison Gopnik, "Cells That Read Minds? What the Myth of Mirror Neurons Gets Wrong About the Human Brain," Slate, April 26, 2007, www.slate.com/articles/life/brains/2007/04/cells_that_read_minds.html; Richard Cook et al., "Mirror Neurons: From Origin to Function," *Behavioral and Brain Sciences* 37 (2014): 177–92.

10 **the more general finding** For a review, see Jamil Zaki and Kevin Ochsner, "The Cognitive Neuroscience of Sharing and Understanding Others' Emotions," in *Empathy: From Bench to Bedside*, ed. Jean Decety (Cambridge, MA: MIT Press, 2012).

11 **Most of the research** For reviews, see Jean Decety and Jason M. Cowell, "Friends or Foes: Is Empathy Necessary for Moral Behavior?" *Perspectives on Psychological Science* 9 (2014): 525–37; Jamil Zaki and Kevin N. Ochsner, "The Neuroscience of Empathy: Progress, Pitfalls and Promise," *Nature Neuroscience* 155 (2012): 675–80.

12 **"painful thermal stimulation"** Matthew Botvinick et al., "Viewing Facial Expressions of Pain Engages Cortical Areas Involved in the Direct Experience of Pain," *Neuroimage* 25 (2005): 312.

13 **similar results for children** Jean Decety and Kalina J. Michalska, "Neurodevelopmental Changes in the Circuits Underlying Empathy and Sympathy from Childhood to Adulthood," *Developmental Science* 13 (2010): 886–99.

14 **Other research looks at disgust** Bruno Wicker et al., "Both of Us Disgusted in *My* Insula: The Common Neural Basis of Seeing and Feeling Disgust," *Neuron* 40 (2003): 655–64.

15 **"2 girls, 1 cup"** Michael Agger, "2 Girls 1 Cup 0 Shame," Slate, January 31, 2008, http://www.slate.com/articles/technology/the_browser/2008/01/2_girls_1_cup_0_shame.html.

16 **a clever evolutionary trick** For a discussion of simulation theory, see Alvin I. Goldman, *Simulating Minds: The Philosophy, Psychology, and Neuroscience of Mindreading* (New York: Oxford University Press, 2006).

17 **Hickok points out** Hickock, *Myth of Mirror Neurons.*

18 **"not only lowers it"** Adam Smith, *The Theory of Moral Sentiments* (Lawrence, KS: Digireads.com, 2010), 18.

19 **you feel more empathy** For example, John T. Lanzetta and Basil G. Englis, "Expectations of Cooperation and Competition and Their Effects on Observers' Vicarious Emotional Responses," *Journal of Personality and Social Psychology* 56 (1989): 543–54. For a review, see Pinker, *Better Angels*.

20 **Or take a study** Jean Decety, Stephanie Echols, and Joshua Correll, "The Blame Game: The Effect of Responsibility and Social Stigma on Empathy for Pain," *Journal of Cognitive Neuroscience* 22 (2010): 985–97.

21 **Adam Smith was here** Smith, *Moral Sentiments*, 33.

22 **One European study** Grit Hein et al., "Neural Responses to Ingroup and Outgroup Members' Suffering Predict Individual Differences in Costly Helping," *Neuron* 68 (2010): 149–60.

23 **those who repel us** Lasana T. Harris and Susan T. Fiske, "Dehumanizing the Lowest of the Low: Neuroimaging Responses to Extreme Out-Groups," *Psychological Science* 17 (2006): 847–53.

24 **one popular metaphor** Thanks to Elliot Sober for pointing this out to me.

25 **"a tale of two systems"** Zaki and Ochsner, "The Neuroscience of Empathy."

26 **"Psychopathic criminals"** Christian Keysers and Valeria Gazzola, "Dissociating the Ability and Propensity for Empathy," *Trends in Cognitive Sciences* 18 (2014): 163.

27 **"But if the enthusiasm"** Jean-Jacques Rousseau, *Emile or On Education* (Sioux Falls, SD: NuVision Publications, 2007), 210.

28 **Jonathan Glover tells** Jonathan Glover, *Humanity* (New Haven, CT: Yale University Press, 2012), 379–80.

29 **"For many years"** Pinker, *Better Angels*, 575.

30 **disturbed by the screaming** Herbert George Wells, *The Island of Doctor Moreau* (New York: Dover Publications, 1996), 26. Thanks to Christina Starmans for this example.

31 **Batson's own analysis** C. Daniel Batson, *Altruism in Humans* (New York: Oxford University Press, 2011).

32 **support the generalization** For a similar analysis, see Martin L. Hoffman, *Empathy and Moral Development: Implications for Caring and Justice* (New York: Cambridge University Press, 2001).

33 **well-known scale** Mark H. Davis, "A Multidimensional Approach to Individual Differences in Empathy," *JSAS Catalog of Selected Documents in Psychology* 10 (1980): 85.

34 **belief in fate** Konika Banerjee and Paul Bloom, "Why Did This Happen to Me? Religious Believers' and Non-Believers' Teleological Reasoning About Life Events," *Cognition* 133 (2014): 277–303.

35 **Another popular scale** Simon Baron-Cohen and Sally Wheelwright, "The Empathy Quotient: An Investigation of Adults with Asperger Syndrome or High Functioning Autism, and Normal Sex Differences," *Journal of Autism and Developmental Disorders* 34 (2004): 163–75.

36 **overall the results are: meh** Relevant sources here include Bill Underwood and Bert Moore, "Perspective-Taking and Altruism," *Psychological Bulletin* 91 (1982): 143–73; Nancy Eisenberg and Paul A. Miller, "The Relation of Empathy to Prosocial and Related Behaviors," *Psychological Bulletin* 101 (1987): 91–119; Steven L. Neuberg et al., "Does Empathy Lead to Anything More Than Superficial Helping? Comment on Batson et al. (1997)," *Journal of Personality and Social Psychology* 73 (1997): 510–16; Jesse Prinz, "Is Empathy Necessary for Morality," in *Empathy: Philosophical and Psychological Perspectives*, eds. Amy Coplan and Peter Goldie (New York: Oxford University Press, 2011).

37 **"The (Non)Relation between"** David D. Vachon, Donald R. Lynam, and Jarrod A. Johnson, "The (Non) Relation Between Empathy and Aggression: Surprising Results from a Meta-Analysis," *Psychological Bulletin* 140 (2014): 16.

## 第三章　做好事，也要做對事

1 **"Empathy-induced altruism"** C. Daniel Batson et al., "Immorality from Empathy-Induced Altruism: When Compassion and Justice Conflict," *Journal of Personality and Social Psychology* 68 (1995): 1043 and 1048.

2 **subjects were given $10** Deborah A. Small and George Loewenstein,

"Helping a Victim or Helping the Victim: Altruism and Identifiability," *Journal of Risk and Uncertainty* 26 (2003): 5–16.

3 **In another study** Ibid.

4 **Other studies compare** Tehila Kogut and Ilana Ritov, "The Singularity Effect of Identified Victims in Separate and Joint Evaluations," *Organizational Behavior and Human Decision Processes* 97 (2005): 106–16.

5 **"identifiable victim effect"** Thomas C. Schelling, "The Life You Save May Be Your Own," in *Problems in Public Expenditure Analysis*, ed. Samuel B. Chase Jr. (Washington, DC: Brookings Institution, 1968), 128.

6 **"Everybody in America"** Sonia Smith, "Baby Jessica: 25 Years Later," *Texas Monthly*, October 17, 2012, http://www.texasmonthly.com/articles/baby-jessica-25-years-later.

7 **Slovic discusses** Paul Slovic, "If I Look at the Mass I Will Never Act: Numbing and Genocide," *Judgment and Decision Making* 2 (2007): 79–95.

8 **"a man of humanity"** Adam Smith, *The Theory of Moral Sentiments* (Lawrence, KS: Digireads.com, 2010), 94.

9 **literature, movies, television** See also Paul Bloom, *Just Babies: The Origins of Good and Evil* (New York: Crown Publishers, 2013).

10 **"Will the world end up"** Walter Isaacson, *Time* essay, December 21, 1992, cited by C. Daniel Batson, *Altruism in Humans* (New York: Oxford University Press, 2011), 198.

11 **"[s]tick-limbed, balloon-bellied"** Philip Gourevitch, "Alms Dealers: Can You Provide Humanitarian Aid Without Facilitating Conflicts?" *The New Yorker*, October 11, 2010.

12 **"disaster theory"** For example, Enrico Louis Quarantelli, ed., *What Is a Disaster? A Dozen Perspectives on the Question* (London: Routledge, 2005).

13 **consider Peter Singer's example** Peter Singer, *The Most Good You Can Do* (New Haven, CT: Yale University Press, 2016), 6.

14 **"warm glow" givers** Ibid., 5.

15 **consider Western aid** Skeptical concerns are raised in several places, including Abhijit Banerjee and Esther Duflo, *Poor Economics: A Radi-*

*cal Rethinking of the Way to Fight Global Poverty* (New York: PublicAffairs, 2012); William Russell Easterly, *The White Man's Burden: Why the West's Efforts to Aid the Rest Have Done So Much Ill and So Little Good* (New York: Penguin Press, 2006); Ken Stern, *With Charity for All: Why Charities Are Failing and a Better Way to Give* (New York: Anchor Books, 2013); Linda Polman, *The Crisis Caravan: What's Wrong with Humanitarian Aid?* (New York: Macmillan, 2010).

16 **"empathy of foreigners"** Thomas Fuller, "Cambodian Activist's Fall Exposes Broad Deception," *New York Times*, June 14, 2014.

17 **"Effective Altruism"** Kathy Graham, "The Life You Can Save," Happy and Well, May 27, 2013, http://www.happyandwell.com.au/life-save.

18 **"they don't understand math"** Singer, *The Most Good You Can Do*, 87.

19 **As Jennifer Rubenstein put it** Jennifer Rubenstein, "Forum: Logic of Effective Altruism," *Boston Review*, July 6, 2015, https://bostonreview.net/forum/logic-effective-altruism/jennifer-rubenstein-response-effective-altruism.

20 **Not everyone is a fan** See the commentators on Peter Singer, "Forum: Logic of Effective Altruism," *Boston Review*, July 6, 2015, https://bostonreview.net/forum/peter-singer-logic-effective-altruism. For further critical remarks on Effective Altruism, see Amia Srinivasan, "Stop the Robot Apocalypse: The New Utilitarians," *London Review of Books*, September 24, 2015.

21 **argument by Scott Alexander** Scott Alexander, "Beware Systemic Change," Slate Star Codex, September 22, 2015, http://slatestarcodex.com/2015/09/22/beware-systemic-change.

22 **Larissa MacFarquhar notes** Larissa MacFarquhar, "Forum: Logic of Effective Altruism," https://bostonreview.net/forum/logic-effective-altruism/larissa-macfarquhar-response-effective-altruism.

23 **Paul Brest complains about** Paul Brest, "Forum: Logic of Effective Altruism," https://bostonreview.net/forum/logic-effective-altruism/paul-brest-response-effective-altruism.

24 **Catherine Tumber discusses** Catherine Tumber, "Forum: Logic

of Effective Altruism," https://bostonreview.net/forum/logic-effective-altruism/catherine-tumber-response-effective-altruism.

25 **Singer has less patience** Peter Singer, "Forum: Logic of Effective Altruism, Reply," https://bostonreview.net/forum/logic-effective-altruism/peter-singer-reply-effective-altruism-responses.

26 **One of the most thoughtful** Elaine Scarry, "The Difficulty of Imagining Other People," in *For Love of Country: Debating the Limits of Patriotism*, eds. Martha C. Nussbaum and Joshua Cohen (Boston: Beacon Press, 1996), 102.

27 **philosophers such as Martha Nussbaum** Martha C. Nussbaum, *Upheavals of Thought: The Intelligence of the Emotions* (New York: Cambridge University Press, 2003).

28 **George Eliot argued** Steven Pinker, *The Better Angels of Our Nature: Why Violence Has Declined* (New York: Penguin Books, 2011), 589.

29 **"The veil of ignorance"** Scarry, "The Difficulty", 106.

30 **"You just have to want"** Louis C.K., cited by Bekka Williams, "Just Want a Shitty Body," in *Louis C.K. and Philosophy*, ed. Mark Ralkowski (Chicago, IL: Open Court).

31 **Simon Baron-Cohen presents** Simon Baron-Cohen, "Forum: Against Empathy," *Boston Review*, August 2014.

32 **"the dismal science"** Tim Harcourt, "No Longer a Dismal Science," *The Spectator*, March 9, 2013, http://www.spectator.co.uk/2013/03/no-longer-a-dismal-science.

33 **"Not a 'gay science'"** Ibid.

## 插曲：同理心政治

1 **"Behind every progressive"** George Lakoff, *The Political Mind: A Cognitive Scientist's Guide to Your Brain and Its Politics* (New York: Penguin Books, 2008), 47.

2 **one study asked** Dan Kahan, "Do Mass Political Opinions Cohere: And Do Psychologists 'Generalize Without Evidence' More Often Than Political Scientists?" (New Haven, CT: Cultural Cognition Project at Yale Law School, December 20, 2012), http://www.culturalcognition.net/blog/2012/12/20/do-mass-political-opinions-cohere-and-do-psychologists-gener.html.

3 **political continuum . . . might be universal** Quotes are from John R. Hibbing, Kevin B. Smith, and John R. Alford, "Differences in Negativity Bias Underlie Variations in Political Ideology," *Behavioral and Brain Sciences* 37 (2014): 297–307.

4 **"matters of reproduction"** Ibid., 305.

5 **rough correlation** Ibid., 297–307.

6 **"The most important thing"** Peter Baker and Amy Chozick, "Some Conservatives Say Deadly Force Used to Subdue Garner Didn't Fit the Crime," *New York Times*, December 4, 2014.

7 **"To the extent that citizens identify"** Clifford P. McCue and J. David Gopoian, "Dispositional Empathy and the Political Gender Gap," *Women and Politics* 21 (2000): 6.

8 **"I like being able to fire people"** Derek Thompson, "The Meaning of Mitt Romney Saying 'I Like Being Able to Fire People,'" *The Atlantic*, January 9, 2012, http://www.theatlantic.com/business/archive/2012/01/the-meaning-of-mitt-romney-saying-i-like-being-able-to-fire-people/251090.

9 **"The very idea"** George Lakoff, *Whose Freedom? The Battle Over America's Most Important Idea* (New York: Macmillan, 2006), 193.

10 **worry that these never work** For instance, Thomas Sowell, *A Conflict of Visions: Ideological Origins of Political Struggles* (New York: Basic Books, 2007).

11 **A different analysis** Jonathan Haidt, *The Righteous Mind: Why Good People Are Divided by Politics and Religion* (New York: Vintage Books, 2012).

12 **One study, using online** Ravi Iyer et al., "Understanding Libertarian Morality: The Psychological Dispositions of Self-Identified Libertarians," *PLOS ONE*, August 21, 2012, http://journals.plos.org/plosone/article?id=10.1371/journal.pone.0042366.

13 **women tend to be** Susan Pinker, *The Sexual Paradox: Men, Women and the Real Gender Gap* (New York: Simon and Schuster: 2009); Simon Baron-Cohen, *The Essential Difference: Male and Female Brains and the Truth About Autism* (New York: Basic Books, 2004).

14 **if males were as empathic** McCue and Gopoian, *Women and Politics* 21: 1–20.

15 **the least empathic individuals of all** Iver et al., "Understanding Libertarian Morality."

16 **"I'd probably want a gun, too"** Eliana Johnson, "Obama: If Michelle Lived in Rural Iowa, She'd Want a Gun, Too," *National Review*, April 3, 2013, http://www.nationalreview.com/corner/344619/obama-if-michelle-lived-rural-iowa-shed-want-gun-too-eliana-johnson.

17 **"an American citizen"** Eric Bradner, "Former Bush Officials Defend Interrogation Tactics," CNN Politics, December 15, 2014, http://www.cnn.com/2014/12/15/politics/torture-report-reaction-roundup.

18 **in a thoughtful discussion** Thomas Colby, "In Defense of Judicial Empathy," *Minnesota Law Review* 96 (2012): 1944–2015.

## 第四章　人際關係與同理心

1 **A team of psychologists** David M. Buss, "Sex Differences in Human Mate Preferences: Evolutionary Hypotheses Tested in 37 Cultures," *Behavioral and Brain Sciences* 12.01 (1989): 1–14.

2 **"we are but one"** Adam Smith, *The Theory of Moral Sentiments* (Lawrence, KS: Digireads.com, 2010), 62.

3 **"Where empathy really"** Paul Bloom, "The Baby in the Well: The Case Against Empathy," *The New Yorker* 118 (2013): 118–21.

4 **"Hannah is a psychotherapist"** Simon Baron-Cohen, *The Science of Evil: On Empathy and the Origins of Cruelty* (New York: Basic Books, 2012), 26, 27.

5 **"unmitigated communion"** Vicki S. Helgeson and Heidi L. Fritz, "Unmitigated Agency and Unmitigated Communion: Distinctions from Agency and Communion," *Journal of Research in Personality* 33, (1999): 131–58; Heidi L. Fritz and Vicki S. Helgeson, "Distinctions of Unmitigated Communion from Communion: Self-Neglect and Overinvolvement with Others," *Journal of Personality and Social Psychology* 75 (1998): 121–40; Vicki S. Helgeson and Heidi L. Fritz, "A Theory of Unmitigated Communion," *Personality and Social Psychology Review* 2 (1998): 173–83.

6 **"overly nurturant, intrusive, and self-sacrificing"** Helgeson and Fritz, "A theory," 177.

7 **"It's surprising how many"** Barbara Oakley, *Cold-Blooded Kindness:*

*Neuroquirks of a Codependent Killer, or Just Give Me a Shot at Loving You, Dear, and Other Reflections on Helping That Hurts* (Amherst, NY: Prometheus Books, 2011), 69.

8 **agency and communion** David Bakan, *The Duality of Human Existence: An Essay on Psychology and Religion* (Chicago: Rand McNally, 1966).

9 **stereotypically male . . . stereotypically female** See also Janet T. Spence, Robert L. Helmreich, and Carole K. Holahan, "Negative and Positive Components of Psychological Masculinity and Femininity and Their Relationships to Self-Reports of Neurotic and Acting Out Behaviors," *Journal of Personality and Social Psychology* 37 (1979): 1673–82.

10 **if you want to get happy** Elizabeth Dunn and Michael Norton, *Happy Money: The Science of Smarter Spending* (New York: Simon and Schuster, 2013).

11 **Charles Goodman notes** Charles Goodman, *Consequences of Compassion: An Interpretation and Defense of Buddhist Ethics* (New York: Oxford University Press, 2009).

12 **"In contrast to empathy"** Tania Singer and Olga M. Klimecki, "Empathy and Compassion," *Current Biology* 24 (2014): R875.

13 **The neurological difference** Ibid.

14 **"a warm positive state"** Olga M. Klimecki, Matthieu Ricard, and Tania Singer, "Empathy Versus Compassion: Lessons from 1st and 3rd Person Methods," in *Compassion: Bridging Practice and Science*, eds. Tania Singer and Matthias Bolz (Max Planck Society, 2013), e-book at http://www.compassion-training.org/?lang=en&page=home.

15 **"The empathic sharing"** Ibid.

16 **ongoing experiments led by Singer** For example, Olga M. Klimecki et al., "Differential Pattern of Functional Brain Plasticity after Compassion and Empathy Training," *Social Cognitive and Affective Neuroscience* 9 (2014): 873–79.

17 **"When experienced chronically** Singer and Klimecki, "Empathy and Compassion."

18 **conclusions of David DeSteno** Paul Condon et al., "Meditation Increases Compassionate Responses to Suffering," *Psychological Science*

24 (2013): 2125–27; Daniel Lim, Paul Condon, and David DeSteno, "Mindfulness and Compassion: An Examination of Mechanism and Scalability," *PLOS ONE* 10 (2015): e0118221.

19 **"meditation-based training enables practitioners"** David DeSteno, "The Kindness Cure," *The Atlantic*, July 21, 2015, http://www.theatlantic.com/health/archive/2015/07/mindfulness-meditation-empathy-compassion/398867.

20 **"affective empathy is a precursor"** Leonardo Christov-Moore and Marco Iacoboni, "Forum: Against Empathy," *Boston Review*, August 2014, https://bostonreview.net/forum/against-empathy/leonardo-christov-moore-marco-iacoboni-response-against-empathy-iacoboni.

21 **"We can't feel compassion"** Lynn E. O'Connor and Jack W. Berry, "Forum: Against Empathy," *Boston Review*, August 2014, https://bostonreview.net/forum/against-empathy/lynn-e-oconnor-jack-w-berry-response-against-empathy-oconnor.

22 **studies that find a decline** Melanie Neumann et al., "Empathy Decline and Its Reasons: A Systematic Review of Studies with Medical Students and Residents," *Academic Medicine* 86 (2011): 996–1009.

23 **"essential learning objective"** Christine Montross, "Forum: Against Empathy," *Boston Review*, August 2014, https://bostonreview.net/forum/against-empathy/christine-montross-response-against-empathy-montross.

24 **"If, while listening"** Ibid.

25 **nursing students . . . especially prone** Martin L. Hoffman, *Empathy and Moral Development: Implications for Caring and Justice* (New York: Cambridge University Press, 2001).

26 **"tenderness and aestheticism"** Atul Gawande, "Final Cut. Medical Arrogance and the Decline of the Autopsy," *The New Yorker* 77 (2001): 94–99.

27 **"I cannot advise"** Peter Kramer, *Freud: Inventor of the Modern Mind* (New York: HarperCollins, 2006), 26.

28 **"I didn't need him to be"** Leslie Jamison, *The Empathy Exams: Essays* (New York: Macmillan, 2014), 17.

29 **"Still, in most of the interactions"** Montross, "Forum: Against Empathy."

30 **"I appreciated the care"** Leslie Jamison, "Forum: Against Empathy," *Boston Review*, August 2014, https://bostonreview.net/forum/against-empathy/leslie-jamison-response-against-empathy-leslie-jamison.

31 **"transformative experiences"** Laurie Ann Paul, *Transformative Experience* (New York: Oxford University Press, 2014).

32 **Jackson tells the story of Mary** Frank Jackson, "What Mary Didn't Know," *Journal of Philosophy* 83 (1986): 291–95.

33 **The intricacies here** This discussion is based on Russ Roberts, *How Adam Smith Can Change Your Life: An Unexpected Guide to Human Nature and Happiness* (New York: Portfolio/Penguin, 2014).

34 **"The mind, therefore"** Smith, *Moral Sentiments*, 19.

35 **"small joys"** Ibid., 32.

36 **"his brother hummed"** Ibid., 33.

37 **"Nature, it seems"** Ibid., 37.

38 **many scholars have argued** For discussion, see C. Daniel Batson, *Altruism in Humans* (New York: Oxford University Press, 2011).

39 **"we put ourselves"** Stephen Darwall, *Honor, History, and Relationship: Essays in Second-Personal Ethics II* (New York: Oxford University Press, 2013), 125–26.

40 **"The father who becomes"** Michael Slote, "Reply to Noddings, Darwall, Wren, and Fullinwider," *Theory and Research in Education* 8 (2010): 187–97.

41 **"It should be a sincere"** Heidi Howkins Lockwood, "On Apology Redux," Feminist Philosophers, September 25, 2014, http://feministphilosophers.wordpress.com/2014/09/25/on-apology-redux.

42 **"what makes an apology"** Aaron Lazare, *On Apology* (New York: Oxford University Press, 2005), 42.

43 **"A past wrong"** Pamela Hieronymi, "Articulating an Uncompromising Forgiveness," *Philosophy and Phenomenological Research* 62 (2001): 546.

44 **"he is an absolutely"** Norman Finkelstein, ZNet Interview, February 1, 2014, http://normanfinkelstein.com/2014/02/02/an-alienated-finkelstein-discusses-his-writing-being-unemployable-and-noam-chomsky.

45 **Asma begins by describing** Stephen T. Asma, *Against Fairness* (Chicago: University of Chicago Press, 2012), 1.

46 **"The essence of being human"** George Orwell, "Reflections on Gandhi," in *A Collection of Essays* (New York: Harvest, 1970), 176.

47 **Singer argues that** For a recent summary of Singer's views, see Peter Singer, *The Most Good You Can Do* (New Haven, CT: Yale University Press, 2016).

48 **As Larissa MacFarquhar** Larissa MacFarquhar, *Strangers Drowning: Grappling with Impossible Idealism, Drastic Choices, and the Overpowering Urge to Help* (New York: Penguin, 2015), 8.

49 **"asks himself"** MacFarquhar, *Strangers Drowning*, 8.

## 插曲：同理心作為道德標準

1 **Martin Hoffman, for instance** Martin L. Hoffman, *Empathy and Moral Development: Implications for Caring and Justice* (New York: Cambridge University Press, 2001), 4 and 3.

2 **As Michael Ghiselin put it** Michael T. Ghiselin, *The Economy of Nature and the Evolution of Sex* (Berkeley: University of California Press, 1976), 247.

3 **"Mr. Lincoln once remarked"** C. Daniel Batson et al., "Where Is the Altruism in the Altruistic Personality?" *Journal of Personality and Social Psychology* 50 (1986): 212–20.

4 **As William James put it** William James, *Psychology: Briefer Course*, vol. 14 (Cambridge, MA: Harvard University Press, 1984), 386.

5 **Frans de Waal has done** For example, Frans De Waal, *Primates and Philosophers: How Morality Evolved* (Princeton, NJ; Princeton University Press, 2009).

6 **toddlers do seem to care** For examples of key empirical studies, see Carolyn Zahn-Waxler, Joanne L. Robinson, and Robert N. Emde, "The Development of Empathy in Twins," *Developmental Psychology* 28 (1992): 1038–47, and Carolyn Zahn-Waxler et al., "Development of Concern for Others," *Developmental Psychology* 28 (1992): 126–36.

7 **toddlers will help adults** Felix Warneken and Michael Tomasello, "Altruistic Helping in Human Infants and Young Chimpanzees," *Science* 311 (2006): 1301–3; Felix Warneken and Michael Tomasello, "Helping and Cooperation at 14 Months of Age," *Infancy* 11 (2007):

271–94; for review, see Michael Tomasello, *Why We Cooperate* (Cambridge, MA: MIT Press, 2009).

8 **some theorists have argued** Richard Cook et al., "Mirror Neurons: From Origin to Function," *Behavioral and Brain Sciences* 37 (2014): 177–92.

9 **if you stick out your tongue** Andrew N. Meltzoff and M. Keith Moore, "Imitation of Facial and Manual Gestures by Human Neonates," *Science* 198 (1977): 75–78.

10 **This is controversial** Cook et al., "Mirror Neurons."

11 **Meltzoff and his colleagues** Maria Laura Filippetti et al., "Body Perception in Newborns," *Current Biology* 23 (2013): 2413–16; Maria Laura Filippetti et al., "Newborn Body Perception: Sensitivity to Spatial Congruency," *Infancy* 20 (2015): 455–65; for review and discussion, see Peter J. Marshall and Andrew N. Meltzoff, "Body Maps in the Infant Brain," *Trends in Cognitive Sciences* 19 (2015): 499–505.

12 **Charles Darwin thought so** Charles Darwin, "A Biographical Sketch of an Infant," *Mind* 2 (1877): 289.

13 **babies get upset** For review, see Hoffman, *Empathy and Moral Development*.

14 **I cited all this** Paul Bloom, *Just Babies: The Origins of Good and Evil* (New York: Crown Publishers, 2013).

15 **"retreated to the corner"** G. E. J. Rice, "Aiding Behavior vs. Fear in the Albino Rat," *Psychological Record* 14 (1964): 165–70, cited by Stephanie D. Preston and Frans de Waal, "Empathy: Its Ultimate and Proximate Bases," *Behavioral and Brain Sciences* 25 (2002): 1–71.

16 **Paul Harris has reviewed** Paul Harris, "The Early Emergence of Concern for Others" (unpublished manuscript, Harvard University, n.d.).

17 **"The 15-month-old, Len"** Example from Judy Dunn and Carol Kendrick, *Siblings: Love, Envy, and Understanding* (Cambridge, MA: Harvard University Press, 1982), 115.

18 **consider a classic study** Dale F. Hay, Alison Nash, and Jan Pedersen, "Responses of Six-Month-Olds to the Distress of Their Peers," *Child Development* (1981): 1071–75.

19 **an observation about chimpanzees** Frans B. M. De Waal and Filippo

Aureli, "Consolation, Reconciliation, and a Possible Cognitive Difference Between Macaques and Chimpanzees," *Reaching into Thought: The Minds of the Great Apes* (1996): 80–110.

20 **Paul Harris points out** Harris, "Early Emergence."

## 第五章 暴力和惡意

1 **In April of 1945** Steve Friess, "A Liberator but Never Free," *The New Republic,* May 17, 2015, http://www.newrepublic.com/article/121779/liberator-never-free.

2 **Some see certain violent actions** Michael R. Gottfredson and Travis Hirschi, A *General Theory of Crime* (Stanford, CA: Stanford University Press, 1990).

3 **alcohol and other drugs** Roy F. Baumeister, *Evil: Inside Human Violence and Cruelty* (New York: Macmillan, 1999).

4 **a kind of cancer** Adrian Raine, *The Anatomy of Violence: The Biological Roots of Crime* (New York: Vintage Books, 2013).

5 **violence is an essential part** Paul Bloom, "Natural-Born Killers," *New York Times Sunday Book Review,* June 21, 2013.

6 **"the myth of pure evil"** Baumeister, *Evil,* 17.

7 **Smith also notes** David Livingstone Smith, *Less Than Human: Why We Demean, Enslave, and Exterminate Others* (New York: Macmillan, 2011).

8 **"the moralization gap"** Steven Pinker, *The Better Angels of Our Nature: Why Violence Has Declined* (New York: Penguin Books, 2011).

9 **The most extreme example** Baumeister, *Evil,* 6.

10 **In one study, Baumeister** Roy F. Baumeister, Arlene Stillwell, and Sara R. Wotman, "Victim and Perpetrator Accounts of Interpersonal Conflict: Autobiographical Narratives About Anger," *Journal of Personality and Social Psychology* 59 (1990): 994–1005.

11 **"If we as social scientists"** Roy F. Baumeister, "Human Evil: The Myth of Pure Evil and the True Causes of Violence," in *The Social Psychology of Morality: Exploring the Causes of Good and Evil,* eds. Mario Mikulincer and Philip. R. Shaver (Washington, DC: American Psychological Association, 2012).

12 **"The world has far too much"** Pinker, *Better Angels,* 622.

13 **"It's always the good men"** Baumeister, *Evil*, 169.

14 **Tage Rai, summarizing** Tage Rai, "How Could They?" *Aeon Magazine*, June 18, 2015, http://aeon.co/magazine/philosophy/people-do-violence-because-their-moral-codes-demand-it.

15 **I read a story** Caroline Mortimer, "Man Let Daughter Drown Rather Than Have Strange Men Touch Her, Dubai Police Claim," *The Independent*, August 10, 2015, http://www.independent.co.uk/news/world/middle-east/man-lets-daughter-drown-rather-than-let-strange-men-touch-her-10448008.html.

16 **"I did not shoot"** Cited by Jonathan Glover, *Humanity* (New Haven, CT: Yale University Press, 2012), 115.

17 **"Consider Israeli Prime Minister"** Simon Baron-Cohen, "Forum: Against Empathy," *Boston Review*, August 2014, https://bostonreview.net/forum/against-empathy/simon-baron-cohen-response-against-empathy-baron-cohen.

18 **In World War II** Thanks to Max Bloom for this example.

19 **"When we see one man"** Adam Smith, *The Theory of Moral Sentiments* (Lawrence, KS: Digireads.com, 2010), 98–99.

20 **Ann Coulter's recent book** Ann Coulter, *Adios, America: The Left's Plan to Turn Our Country into a Third World Hellhole* (Washington, DC: Regnery Publishing, 2015).

21 **a suggestive pair of studies** Anneke E. K. Buffone and Michael J. Poulin, "Empathy, Target Distress, and Neurohormone Genes Interact to Predict Aggression for Others—Even Without Provocation," *Personality and Social Psychology Bulletin* 40 (2014): 1406–22.

22 **We tell our subjects stories** Michael N. Stagnaro and Paul Bloom, "The Paradoxical Effects of Empathy on the Willingness to Punish" (unpublished manuscript, Yale University, 2016).

23 **concern that many Nazis had** Arnold Arluke, *Regarding Animals* (Philadelphia: Temple University Press, 1996), 152.

24 **Jennifer Skeem and her colleagues** Jennifer L. Skeem et al., "Psychopathic Personality: Bridging the Gap Between Scientific Evidence and Public Policy," *Psychological Science in the Public Interest* 12 (2011): 95–162.

25 **The traits that comprise** The table is from ibid.

26 **Some have argued** Ibid.

27 **"deficient empathy, disdain"** Ibid.

28 **as Jesse Prinz points out** Jesse Prinz, "Is Empathy Necessary for Morality," in *Empathy: Philosophical and Psychological Perspectives*, eds. Amy Coplan and Peter Goldie (New York: Oxford University Press, 2011).

29 **"Vexation, spite"** Hervey M. Cleckley, *The Mask of Sanity: An Attempt to Clarify Some Issues About the So-Called Psychopathic Personality* (Augusta, GA: Emily S. Cleckley, 1988), cited by Prinz, "Is Empathy Necessary."

30 **A different concern is raised** Skeem et al., "Psychopathic Personality."

31 **a meta-analysis summarized** David D. Vachon, Donald R. Lynam, and Jarrod A. Johnson, "The (Non) Relation Between Empathy and Aggression: Surprising Results from a Meta-Analysis," *Psychological Bulletin* 140 (2014): 751–73.

32 **People with Asperger's syndrome** Ruth C. M. Philip et al., "A Systematic Review and Meta-Analysis of the fMRI Investigation of Autism Spectrum Disorders," *Neuroscience and Biobehavioral Reviews* 36 (2012): 901–42. See also Simon Baron-Cohen, *The Science of Evil: On Empathy and the Origins of Cruelty* (New York: Basic Books, 2012).

33 **Baron-Cohen points out** Baron-Cohen, *Science of Evil*.

34 **Some of the most interesting** Smith, *Less Than Human*.
**the missionary Morgan Godwin** Ibid., 115.

35 **"Humankind ceases at the border of the tribe"** Jacques-Philippe Leyens et al., "The Emotional Side of Prejudice: The Attribution of Secondary Emotions to Ingroups and Outgroups," *Personality and Social Psychology Review* 4 (2000): 186–97.

36 **In laboratory studies** Leyens et al., "Emotional Side of Prejudice." See also Nick Haslam, "Dehumanization: An Integrative Review," *Personality and Social Psychology Review* 10 (2006): 252–64.

37 **Feminist scholars** Andrea Dworkin, *Pornography: Men Possessing Women* (New York: Putnam Press, 1981); Catharine A MacKinnon, *Only Words* (Cambridge, MA: Harvard University Press, 1993); Martha C. Nussbaum, "Objectification," *Philosophy and Public Affairs* 24 (1995): 249–91. For review, see Evangelia Papadaki, "Sexual Objectifi-

cation: From Kant to Contemporary Feminism," *Contemporary Political Theory* 6 (2007): 330–48.

38 **Martha Nussbaum suggests** Nussbaum, "Objectification," 257.
**dehumanization, not objectification** For a brief discussion of this idea (I hope to write more in the future), see Paul Bloom, "The Ways of Lust," *New York Times*, December 1, 2013.

39 **"Come on dogs"** Smith, *Less Than Human*, 11.

40 **Kate Manne makes a similar argument** Kate Manne, "In Ferguson and Beyond, Punishing Humanity," *New York Times*, October 12, 2014.

41 **"acknowledge their victims'"** Kwame Anthony Appiah, *Experiments in Ethics* (Cambridge, MA: Harvard University Press, 2008), 144.

42 **a large body of experimental research** Kurt Gray et al., "More Than a Body: Mind Perception and the Nature of Objectification," *Journal of Personality and Social Psychology* 101 (2011): 1207–20.

43 **"Treating other people"** Baron-Cohen, *Science of Evil*, 8.

44 **Smith points out** David Livingstone Smith, "Paradoxes of Dehumanization," *Social Theory and Practice* 42 (2016): 416–43.

45 **"The SS escort"** Primo Levi, *The Drowned and the Saved* (London: Abacus, 1988), 70–71.

46 **A couple is lying in bed** Nussbaum, "Objectification."

47 **Owen Flanagan once described** Owen Flanagan, *The Geography of Morals: Varieties of Possibility* (New York: Oxford University Press, 2017), 158.

48 **angry subjects were more punitive** Jennifer S. Lerner, Julie H. Goldberg, and Philip E. Tetlock, "Sober Second Thought: The Effects of Accountability, Anger, and Authoritarianism on Attributions of Responsibility," *Personality and Social Psychology Bulletin* 24 (1998): 563–74.

49 **Flanagan sadly concedes this** Flanagan, *The Geography of Morals*.

50 **"Righteous rage is a cornerstone"** Jesse Prinz, "Forum: Against Empathy," *Boston Review*, August 2014, https://bostonreview.net/forum/against-empathy/jesse-prinz-response-against-empathy-prinz.

## 第六章　一個理性越多越好的時代

1 **Age of Reason** Some of this chapter is a substantially modified version of Paul Bloom, "The War on Reason," *The Atlantic*, March 2014,

http://www.theatlantic.com/magazine/archive/2014/03/the-war-on-reason/357561.

2 **the Third Pounder** The story is told by Elizabeth Green, "Why Do Americans Stink at Math," *New York Times Magazine, July 23*, 2014.

3 ***Thinking, Fast and Slow*** Daniel Kahneman, *Thinking, Fast and Slow* (New York: Macmillan, 2011).

4 **I recently wrote** Paul Bloom, "Imagining the Lives of Others," *New York Times*, June 6, 2015.

5 **"a biochemical puppet"** Sam Harris, *Free Will* (New York: Simon and Schuster, 2012), 47.

6 **David Eagleman makes this argument** David Eagleman, *Incognito: The Secret Lives of the Brain* (New York: Pantheon, 2011).

7 **"It is not clear"** Ibid., 46.

8 **One scholar, for instance** Cited in Paul Bloom, "My Brain Made Me Do It," *Journal of Cognition and Culture* 6 (2006): 212. See also Joshua Greene and Jonathan Cohen, "For the Law, Neuroscience Changes Nothing and Everything," *Philosophical Transactions of the Royal Society of London B* 359 (2004): 1775–85.

9 **"My brain made me do it"** Michael S. Gazzaniga, *The Ethical Brain: The Science of Our Moral Dilemmas* (New York: Dana Press, 2005).

10 **countless demonstrations** For a good review of these experiments and others, see Adam Alter, *Drunk Tank Pink: And Other Unexpected Forces That Shape How We Think, Feel, and Behave* (New York: Penguin Books, 2013).

11 **Dick Finder** Example from John M. Doris, *Talking to Our Selves: Reflection, Ignorance, and Agency* (Oxford: Oxford University Press, 2015).

12 **Jonathan Haidt captures** Jonathan Haidt, "The Emotional Dog and Its Rational Tail: A Social Intuitionist Approach to Moral Judgment," *Psychological Review* 108 (2001): 814–34.

13 **The issue in "repligate"** For discussion, see Paul Bloom, "Psychology's Replication Crisis Has a Silver Lining," *The Atlantic*, February 19, 2016, http://www.theatlantic.com/science/archive/2016/02/psychology-studies-replicate/468537.

14 **eventually published this failure** Brian D. Earp et al., "Out, Damned

Spot: Can the 'Macbeth Effect' Be Replicated?" *Basic and Applied Social Psychology* 36 (2014): 91–98.

15 **Your impression of a résumé** Joshua M. Ackerman, Christopher C. Nocera, and John A. Bargh, "Incidental Haptic Sensations Influence Social Judgments and Decisions," *Science* 328 (2010): 1712–15.

16 **Your assessment of gay people** Yoel Inbar, David A. Pizarro, and Paul Bloom, "Disgusting Smells Cause Decreased Liking of Gay Men," *Emotion* 12 (2012): 23–27.

17 **people eat less** Brian Wansink, *Mindless Eating: Why We Eat More Than We Think* (New York: Bantam Books, 2007).

18 **psychologists put baseball cards** Ian Ayres, Mahzarin R. Banaji, and Christine Jolls, "Race Effects on eBay," *Rand Journal of Economics* 46 (2015): 891–917.

19 **other well-known demonstrations** For review, see Kahneman, *Thinking, Fast and Slow*.

20 **"mind bugs"** Mahzarin R. Banaji and Anthony G. Greenwald, *Blind Spot: Hidden Biases of Good People* (New York: Delacorte Press, 2013).

21 **John Macnamara pointed out** John Theodore Macnamara, *A Border Dispute: The Place of Logic in Psychology* (Cambridge, MA: MIT Press, 1986).

22 **"are *obsessed* with intelligence"** Steven Pinker, *The Blank Slate: The Modern Denial of Human Nature* (Penguin Books, 2003), 149.

23 **As David Brooks writes** David Brooks, *The Social Animal: The Hidden Sources of Love, Character, and Achievement* (New York: Random House, 2012), xi.

24 **Malcolm Gladwell . . . argues** Malcolm Gladwell, *Outliers* (Boston: Little, Brown, 2008), 76.

25 **IQ is critically important** For a good review of the state of the art here, see David Z. Hambrick and Christopher Chabris, "Yes, IQ Really Matters," Slate, April 14, 2014, http://www.slate.com/articles/health_and_science/science/2014/04/what_do_sat_and_iq_tests_measure_general_intelligence_predicts_school_and.html.

26 **professional moral philosophers** Eric Schwitzgebel and Joshua Rust, "The Moral Behavior of Ethics Professors: Relationships Among Self-

Reported Behavior, Expressed Normative Attitude, and Directly Observed Behavior," *Philosophical Psychology* 27 (2014): 293–327.

27 **Walter Mischel investigated** For a review, see Walter Mischel, *The Marshmallow Test: Mastering Self-Control* (Boston: Little, Brown, 2014).

28 **studies of exceptional altruists** Abigail A. Marsh et al., "Neural and Cognitive Characteristics of Extraordinary Altruists," *Proceedings of the National Academy of Sciences* 111 (2014): 15036–41.

29 **Steven Pinker has argued** Steven Pinker, *The Better Angels of Our Nature: Why Violence Has Declined* (New York: Penguin Books, 2011).

30 **Smith discusses the qualities** Adam Smith, *The Theory of Moral Sentiments* (Lawrence, KS: Digireads.com, 2010), 130.

31 **studies run by Geoffrey Cohen** Geoffrey L. Cohen, "Party Over Policy: The Dominating Impact of Group Influence on Political Beliefs," *Journal of Personality and Social Psychology* 85 (2003): 808–22.

32 **Other studies have found** Philip M. Fernbach et al., "Political Extremism Is Supported by an Illusion of Understanding," *Psychological Science* 24 (2013): 939–46.

33 **"they don't understand math"** Peter Singer, *The Most Good You Can Do* (New Haven, CT: Yale University Press, 2016), 87.

34 **"Numbers turned me into an altruist"** Ibid., 88.

35 **People are not at a loss** Paul Bloom, *Just Babies: The Origins of Good and Evil* (New York: Crown Publishers, 2013).

36 **As scholars like Steven Pinker** Pinker, *Better Angels;* Peter Singer, *The Expanding Circle* (Oxford: Clarendon Press, 1981); Robert Wright, *Nonzero: The Logic of Human Destiny* (New York: Vintage Books, 2001).

37 **"The Old Testament tells us"** Pinker, *Better Angels*, 591.

38 **"It is not the soft power"** Smith, *Moral Sentiments*, 95.

**國家圖書館出版品預行編目資料**

失控的同理心：道德判斷的偏誤與理性思考的價值
保羅．布倫 Paul Bloom 著 陳岳辰 譯
初版. -- 臺北市：商周出版：家庭傳媒城邦分公司發行
2017.08 面； 公分

譯自：Against Empathy:The Case for Rational Compassion

ISBN 978-986-477-303-9( 平裝 )

1. 同理心

176.525 106013941

# 失控的同理心：道德判斷的偏誤與理性思考的價值

原著書名／Against Empathy:The Case for Rational Compassion
作　　者／保羅．布倫 Paul Bloom
譯　　者／陳岳辰
責任編輯／陳玳妮

版　　權／林心紅
行銷業務／李衍逸、黃崇華
總 編 輯／楊如玉
總 經 理／彭之琬
發 行 人／何飛鵬
法律顧問／元禾法律事務所 王子文律師
出　　版／商周出版
台北市 104 民生東路二段 141 號 9 樓
電話：(02) 25007008 傳真：(02)25007759
E-mail：bwp.service@cite.com.tw
Blog：http://bwp25007008.pixnet.net/blog
發　　行／英屬蓋曼群島商家庭傳媒股份有限公司城邦分公司
台北市中山區民生東路二段 141 號 2 樓
書虫客服服務專線：(02)25007718；(02)25007719
服務時間：週一至週五上午 09:30-12:00；下午 13:30-17:00
24 小時傳真專線：(02)25001990；(02)25001991
劃撥帳號：19863813；戶名：書虫股份有限公司
讀者服務信箱：service@readingclub.com.tw
城邦讀書花園：www.cite.com.tw
香港發行所／城邦（香港）出版集團有限公司
香港灣仔駱克道 193 號東超商業中心 1 樓
E-mail：hkcite@biznetvigator.com
電話：(852) 25086231 傳真：(852) 25789337
馬新發行所／城邦（馬新）出版集團【Cite (M) Sdn. Bhd.】
41, Jalan Radin Anum, Bandar Baru Sri Petaling,
57000 Kuala Lumpur, Malaysia.
Tel: (603) 90578822 Fax: (603) 90576622
Email: cite@cite.com.my

封面設計／李東記
排　　版／極翔企業有限公司
印　　刷／卡樂彩色製版印刷有限公司
經 銷 商／聯合發行股份有限公司
電話：(02) 2917-8022 Fax: (02) 2911-0053
地址：新北市 231 新店區寶橋路 235 巷 6 弄 6 號 2 樓

■ 2017 年 08 月 31 日初版
■ 2022 年 06 月 21 日初版 7 刷
定價 360 元

Printed in Taiwan

 ISBN 978-986-477-303-9